LET'S ENJOY HANDMADE LIFE!

人気ハンドメイド作家に なりたい人が読む本

Prologue
はじめに

夢を追いかけて形にしたい

大好きなものづくりを仕事にしたい

ハンドメイド作家として生きていきたい

手づくり市やハンドメイドイベントをライフワークにしていきたい

あるいは、活動はしているけれどもう一歩先に進みたい

そんな思いを胸にしている方が、この本を手に取っているかもしれません。

ここ数年、ハンドメイド作家として作品を販売したい、

あるいは仕事にしたい、という方が増えてきました。

しかし作家として食べていけるのは、固定のファンがいる一部の人気作家さんのみ。

多くの方は星の数ほどとある作品の中に埋もれてしまいがち。

ここで紹介する人気作家さんは、自分ブランドに合った販売方法や、

アピールの仕方、その人なりのこだわりを見つけている人ばかりです。

本書は、そんな悩みを持つハンドメイド作家の方々に向けた、人気作家になるために

大切なセルフプロデュース力やブランディングのことを詰めこんだ一冊です。

PART.1では、今をときめく人気作家さんの今までの経緯などのインタビュー特集を。

PART.2は、コンセプト、ターゲット分析、自分のスタイルの見つけ方を紹介。

PART.3は、販売と制作のコツを。

PART.4は、ブランドをアピールするセルフプロデュースについて。

PART.5は、マーケティングリサーチ、ディスプレイなど売り上げにつながるヒント。

そしてPART.6では、作家の顔にもなるブランドカードをつくるコツを紹介しています。

順を追って学び、具体的に実践することで、作家としての一歩を踏み出しましょう。

そしてどのような考え方を持ったらいいか、

あなた自身を見つめ直すきっかけにしていただけたら幸いです。

人気作家さん達のそれぞれが大切にしているもの。

それは千差万別ですが、おひとりおひとりに人気になった秘密があります。

それこそが他人には真似できない個性です。

この本を読んであなたのハンドメイド作家としての生活が、

少しでも彩られることを願っています。

CONTENTS

002　はじめに

PART 1　今をときめく人気作家9名！
特別インタビュー

010　FILE01 ● 紙雑貨作家/emuuu
014　FILE02 ● 布雑貨作家/DOT MELT
018　FILE03 ● プラバン作家/ずっこ
022　FILE04 ● イラストレーター/やがわまき
026　FILE05 ● ジュエリー作家/ramunecafe bijoux
030　FILE06 ● 紙雑貨作家/遊星商會
034　FILE07 ● 洋菓子作家/西洋菓子ミレイヌ
038　FILE08 ● 造形作家/abarayam
042　FILE09 ● アクセサリー作家/ninon

046　監修　小泉七美

PART 2　作家としての第一歩を踏み出そう
夢をかなえるあなたブランドのつくりかた

050　LESSON01 ● 夢の計画書をつくろう

052	LESSON 02	自分だけのブランドをつくろう
054	LESSON 03	ターゲット分析をしてみよう
057	LESSON 04	コンセプトボードを制作しよう
062	LESSON 05	愛着のあるブランド名をつけよう
064	LESSON 06	お店の看板になるブランドロゴづくり
066	LESSON 07	ブランドのオリジナリティを高めるには
068	LESSON 08	自分に合ったペースで活動すること
070	LESSON 09	時間のやりくり法

072　COLUMN.1　知っているようで知らない著作権のお話

PART 3　スムーズなサイクルがポイント
制作と販売について考えよう

074	LESSON 01	作品が商品になるまでの流れ
076	LESSON 02	自分に合った販売方法を探してみよう
078	LESSON 03	おすすめの販売方法って？
080	LESSON 04	効率よく制作するには
082	LESSON 05	作家さんのおすすめ愛用グッズ紹介
086	LESSON 06	在庫管理で利益UP！

088	LESSON 07	失敗しない仕入れのポイント
090	LESSON 08	材料の宝探しに問屋街へ
092	LESSON 09	もう悩まない！価格の決め方
094	LESSON 10	販売するために必要な届出と手続き
096	LESSON 11	ハンドメイドイベントに出展してみよう
098	LESSON 12	全国の人気ハンドメイドイベント
102	LESSON 13	ギャラリー・レンタルスペースで作品を展示する
104	LESSON 14	ハンドメイドマーケットで販売してみよう
106	COLUMN.2	ハンドメイドイベントに参加するためのルールとマナー

PART 4　ちょっとした工夫で差がつく 知名度アップを目指そう

108	LESSON 01	はじめは誰でも無名！固定ファンを増やすには
110	LESSON 02	ホームページ・ブログをつくろう
112	LESSON 03	SNSをうまく活用してコミュニケーションをとろう
114	LESSON 04	YouTubeでプロモーションする
116	LESSON 05	自分のライフスタイルを公開してみる
118	LESSON 06	ショップ売り込みの心がけとポイント

120	LESSON 07	DMを活用して情報を発信する
122	LESSON 08	ZINEをつくってみよう
124	LESSON 09	メディアに掲載される秘訣

127　COLUMN.3　教えて！ 読者のお悩みQ&A －お金のお話編－
　　　　　　　教えて！ 読者のお悩みQ&A －制作と販売編－

PART 5　お客さまの心をつかむ！
売上を伸ばすためには

130	LESSON 01	ときには立ち止まってまわりをながめてみる
132	LESSON 02	ヒントを盗め！市場調査
134	LESSON 03	おすすめセレクトショップ一覧
138	LESSON 04	いろいろなところへ足をはこぶ
140	LESSON 05	どうしたらイベントで完売できるの？
142	LESSON 06	売上につながる接客の心がけ
144	LESSON 07	接客でのトラブル対処法
146	LESSON 08	ディスプレイによって売上は変わる！
151	LESSON 09	ラッピングにこだわる

156　COLUMN.4　教えて！読者のお悩みQ&A ―こんなときどうする？編―

PART 6　ブランドの顔！ 名刺をつくろう

- 158　LESSON01　ブランドカード・名刺のつくりかた
- 160　LESSON02　イメージを伝えるためのデザインのコツ
- 166　LESSON03　Illustratorでつくる
- 172　LESSON04　Wordでつくる
- 177　LESSON05　個性が光る！かわいいデザインコレクション
- 180　LESSON06　おすすめ印刷会社＆お役立ちショップ一覧

184　COLUMN.5　ハンドメイドイベント出展レポート

186　おわりに

PART 1

今をときめく人気作家9名！
特別インタビュー

❖

ハンドメイド作家としてご活躍されている方々にブランドへの想い、
作家として心がけていることなどをお聞きしました。

FILE01　紙雑貨作家/emuuu
FILE02　布雑貨作家/DOT MELT
FILE03　プラバン作家/ずっこ
FILE04　イラストレーター/やがわまき
FILE05　ジュエリー作家/ramunecafe bijoux
FILE06　紙雑貨作家/遊星商會
FILE07　洋菓子作家/西洋菓子ミレイヌ
FILE08　造形作家/abarayam
FILE09　アクセサリー作家/ninon

監修　　小泉七美

FILE 01

「自分が楽しんでつくる！」ことがいちばん

・紙雑貨作家・

emuuu
エムー

Profile

「日常をちょっと楽しくするもの」をテーマにした紙雑貨ブランド。グラフィックデザインの仕事と二足のわらじで活動している。ギフトショー、文通博覧会 in Tokyo、京阪神zakkaマルシェなど数多くのイベントに参加している。『nid』『Ozmagazine』『Come home!』や雑貨カタログなどに掲載。

作品を通じてお客さまの「日常をちょっと楽しく」したい

　グラフィックデザインのお仕事と、2足のわらじで活動しているemuuuさん。とにかく小さいころから、ものづくりとステーショナリーが大好きだったそうです。

—— 作家活動をはじめたきっかけについて教えてください。

　とあるクリスマスカードを見たとき、「こんなステキな商品を世に出せたら!」と思い、デザインの仕事に興味を持つようになりました。その後、念願のステーショナリーのデザイン会社に入社。自分のデザインした商品がお店に並んでいるのを初めて見たときは、うれしくて心身が震えました。そのうち、「もっと実験的なものや自分のカラーが出せるものをつくりたい」と思いはじめ、悩んでいたときに、尊敬している先輩に「やりたいことは決まってるでしょ!」と肩をたたかれハッとしました。それがきっかけとなり、ブランドの立ち上げに至りました。

▶▶▶ Special Interview　PART.1

―― どんなことからスタートされましたか？

　作家活動当初は、つくりたいものをひたすらアイディアスケッチしていました。

　まずは、「お店に置いていただける名刺代わりになるような自分らしい商品を」とカレンダーを制作し、それを持って、雑貨屋に営業にまわりました。口下手で人見知りな性格でしたが、勇気を振り絞りお声がけさせてもらいました。その結果、いくつかのお店とのお取り引きをはじめさせていただくことができました。

\ 気持ちを伝えられるレターやメモは大人気！ /

1. ほっこりとした動物のイラストが可愛いカレンダー。　**2.** 表情を描き込めば気持ちがもっと伝わるカキコミシキ アニマルレター。　**3.** 借りた本の感想文などメモ書きできるゲンコウヨウシ。　**4.** クスダマカード　**5.** 幸運のダルマポチブクロ。　**6.** ラッピングや封筒に、くすっと笑えるメメハンコ。

自宅の作業スペース。パソコンでデザインし、自身で紙の断裁もしている。

——ブランドのコンセプトを教えてください。

「日常をちょっと楽しくするもの」「胸をざわつかせるもの」がemuuuのコンセプトです。くすっと笑えたり、ワクワクしたり、ほんわかした気持ちになれたりする、そんな商品をつくっていきたいと思っています。なにより「自分が楽しんでつくること!」を一番大切に心がけて制作しています。

——ブランド名はどうやってつけましたか?

ブランド名は、長年やっていくと思想もつくりたいものも変わるだろうと思い、あまり意味を込めたブランド名にしたくありませんでした。自分自身の名前からとった、「emuuu」。羅列したスペルや響きが気に入っています。

emuuu展 vol.4 DM／今までで一番遊びのあるDM。2つ折りになっており、切り取り線でカットするとポストカードとして使える。会場内にある数種類のスタンプを押して、自分だけのオリジナル「カオポストカード」を。スタンプラリーとしても楽しめる仕組みのDM。

▶▶▶ Special Interview　PART.1

——ブランドとして伝えたいことはどんなことですか?

　電子化が進んでも、やっぱり「紙」が好きです。手触りや音、伝わる暖かさ、時を経て変化していくさま。メモでも、手紙でも、日記でも、「想い」を乗せるツールは「紙が一番」だということが、emuuu商品を通して伝わるとうれしいです。

　仕事や家族間での伝言にemuuuメモを使うと「ちょっとほっこりする」とか、"ヒビノキロクチョウ"で日記をつければ「何気ない生活のなかに楽しみが見つかる」、カオハンコを使って「手紙が書きたくなる」など、emuuu商品を使ってもらうことで、お客様それぞれの「日常をちょっと楽しく」できたらいいなと思います。

——作家を目指している方にメッセージをお願いします。

　コツコツと長く続けていけば、蒔いたタネが芽を出すときがくると思っています。長く続けていくためには、あまり気負わないで、自分のペースで楽しんでものづくりをするのが一番ですね!

Akorat.でのemuuu展vol.2。個展を開くことが一番自分の活動に合っていると思います。DMづくりからはじまり、商品構成、ディスプレイなど、トータルでemuuuを表現できることがとっても楽しい!

現在の活動

〔Web〕http://emuuu.com/
イベントなどのお知らせはSNSにて▼
〔ブログ〕http://emuuu.sblo.jp/　〔Facebook〕www.facebook.com/pages/emuuu/362653773870651

FILE 02

作品を通じて
ワクワクやドキドキを伝えたい

布雑貨作家
DOT MELT
ドットメルト

Profile

2007年服飾専門学校在学中よりDOT MELTスタート。革を組み合わせた服、布革小物、古着のリメイクアイテムを中心にセレクトショップなどで展開。雑司ヶ谷 鬼子母神手創り市、川口暮らふと、にじいろ市など数多くイベントに定期的に出展している。『n-closet』『リンネル』『chic chic』などに掲載。

ものづくりが大好き。これからもずっと続けていきたい

　ホームページのモデルもこなすDOT MELTのヒトエさん。可愛らしく暖かな人柄があらわれた作品には、幅広い世代のファンがついています。

―― 活動をはじめたきっかけを教えてください。
　つくることが好きで、自分が表現するものをたくさんの人に知ってもらいたい、作品を通じていろいろな交流をしたいと思い、この活動を始めました。
　活動をはじめた当初は、家業を手伝いながら週1回専門学校に通い、服飾の基礎を勉強していました。同時期に作品を発信できるWebショップを立ち上げたところ、ショップを見てくださったお店の方から連絡をいただき、セレクトショップでのお取り扱いがスタートし、今の活動につながっています。パソコンの作業が苦手だったので、試行錯誤しながらでしたが、チャレンジしてよかったと思っています。今では更新するのが楽しみです！

▶▶▶ Special Interview   PART.1

ご自身もモデルをこなす。トップス、ストールなど、手触りのいい素材にこだわる。

1

2

3

4

5

6

1.3種類の素材を組み合わせたストール。 **2.**おめかしリボンのガマ口がま口ミニバッグ。 **3.**小さいポッケポーチ。 **4.**パッチワークターバン。 **5.**カゴバッグにレザーポケットをハンドステッチで縫い付けたリメイクバッグ。 **6.**コーヒー豆の麻袋と本革、綿麻生地を使用したパッチワークのトートバッグ。

―― ブランドのコンセプトを教えてください。

　作品を手に取ってもらったときに、制作中に自分が感じているワクワクやドキドキが伝わるといいなと思いながら制作しています。

　大切にしていることは、自分の気持ちに素直に手を動かすこと。また、異素材の組み合わせの面白さ、素材の表情や自分らしさを大切にすることを心がけ、1点1点ていねいにつくっています。

―― 主な活動の場はどこですか?

　活動当初から今までイベントには8年ほど定期的に参加しています。野外のクラフトマーケットは、気持ちも開放的になり、お客様との距離も近いので、好きです。不特定多数のお客様と直接お話ができることもメリットですね。お友達主催のアットホームなイベントなども、自然と輪が広がっていく感じがとても好きです。

　また、3年前から1年に1、2度個展を催しています。個展も、テーマを決め自分を表現できることがとっても楽しいですね。

個展でのディスプレイ。テーマを決め自分を表現できることがとっても楽しい。

▶▶▶ Special Interview　PART.1

個展のDM。おおまかなイメージは自分で考え、そのあと信頼しているデザイナーさんと一緒に仕上げています。

―― 今後の目標はありますか？

　今は1人でほとんどのことをしていますが、将来小さなファクトリーみたいなそんな場所がつくれたらいいなと夢見ています。つくることは大好きなので、生涯ずっと続けていきたいです。今後も、長く大切に使ってもらえて、日々の暮らしにワクワクを添えられるようなものづくりができていたらいいなと思います。

―― 作家を目指している方にメッセージをお願いします。

　直感を信じていろいろなことに挑戦をする、その繰り返し。自分にとって心地の良い場所がだんだんとできてくると思います。自分の"好き"な気持ちを大切に突き進むことが一番です！

現在の活動

〔Web〕http://www.dotmelt.com/
イベントなどのお知らせはSNSにて▼
〔Twitter〕@dothito　〔Instagram〕www.instagram.com/dot_melt　〔Facebook〕www.facebook.com/dotmelt/

FILE 03

かわいい+αが自分らしさ

.プラバン作家.
ずっこ

—— Profile ——

日常に溶け込むさりげなさ、身につけていると自分も相手もなぜか笑っちゃうような存在づくりを目指している。ハンドメイドマーケットminneにも出展。著書に『zucco.のプラバンブローチ』、『zucco.のプラバンアクセサリー』(ブティック社)がある。

長く大事に使ってほしいと思って制作しています

　著書を出版し、雑誌にも作品が数多く掲載されているずっこさん。手づくり市などイベントでは、カラフルでゆるくてかわいいプラバンがいつも大人気です。

—— 活動をはじめたきっかけを教えてください。

　小さいころから絵を描くのが大好きで、趣味で漫画を描き、20歳くらいのころからWeb上で発表していました。そんなとき、美術学校の友達からデザイン・フェスタに出ないかという誘いを受け、初めてイベントに参加しました。そこで自分の作品をもっといろんな人に見てほしいと思うようになり、活動をはじめました。
　何度かデザイン・フェスタで出展するうち、見てくれる方の数が増えたことに気づき、それが自信につながりました。初めて出会うお客さまが、数ある出品物のなかから自分の作品を気に入ってくださるというのは本当にうれしいことです。

▶▶▶ Special Interview PART.1

　また、その後出版社の方にお声がけいただき、著者として何冊か書籍を出したり、雑誌などに作品を掲載する機会に恵まれました。

1.動物のブローチ。　2.ビションフリーゼの顔バッグ。　3.女の子缶バッジ。　4.果物ブローチ。

——ブランド名はどうやってつけましたか?

　高校生のころ、ゆずが好きでよく聴いていました。ゆずのファンは"ゆずっこ"と言われているのですが、当時、そこからゆを抜いた「ずっこ」という名前で趣味として漫画を描いていました。個人的にとても気に入っているので、今も使用しています。

——ブランドで大切にしていることはなんですか?

　制作するときのこだわりは、少しクセのある感じを意識して制作すること。ただかわいいだけのものは世の中に溢れかえっているので、そこに＋αすることで自分らしさを出しています。また、最後まで手を抜かずつくることを心がけています。誰も見ていないかもしれませんが、長く大事に使ってもらいたいという想いを込めて、側面まで美しくなるように丁寧に仕上げています。

　私がつくったブローチを付けて、イベントに来てくださると、とてもうれしいですね。

デザイン・フェスタのディスプレイ。プラバンの作家さんはたくさん出展していましたが、ずっこさんは特に大人気だったそうです。

▶▶▶ **Special Interview**　PART.1

名刺デザインは定期的にデザインを変えています。今は女の子の胸元にブローチがついたイラストを。

2015年／FEWMANY
古着人形作家のくにはらゆきこさんと2人展のDM。
お友達のグラフィックデザイナーのホンダアヤさんデザイン。とても気に入っています！

プラバンブローチの作り方を紹介したムック。
（左）zucco.のプラバンアクセサリー／ブティック社。
（右）zucco.のプラバンブローチブティック社。

―― 作家を目指している方にメッセージをお願いします。

　自分の作品を好きといっていただけたときのうれしい気持ちを忘れず、より良い作品をと少しずつレベルアップしながら制作していくことが大事だと思います。作品とは全く異なる分野で新たなアイディアが見つかる場合もあると思うので、雑貨に執着せず、さまざまなジャンルの作品を見るといいのではないでしょうか。

現在の活動

（Web）http://zuccocco.web.fc2.com/
イベントなどのお知らせはSNSにて ▶　（Twitter）@zucco_　（Instagram）@zucco_

FILE 04

作品を通して
楽しみを届けたい

イラストレーター

やがわまき

――― Profile ―――

書籍、カタログ、雑貨などのイラストレーションの他、オリジナルステーショナリーの制作販売もしている。文春文庫『おまえじゃなきゃだめなんだ』、技術評論社『オリンパスPEN 撮影レッスンBOOK』などさまざまなジャンルの書籍に挿絵を提供。

自分がつくりたいものをひたすらつくる

　カラフルで心まで踊りだしそうなやわらかなイラストを描くやがわさん。手づくり市、ECマーケット、ネットショップなど、さまざまな販路を上手に活用されて活動されています。

――― 活動のきっかけについて教えてください。

　会社でデザインに関する仕事をしていたのですが、あるときから、自分のイラストで仕事をしたいと思うようになり、美術学校に通いはじめました。しかし、最初から仕事の依頼があるわけもなく、どう動けばいいかよくわかりませんでした。でも、絵を描き、制作する分には誰の依頼がなくてもできると思い、とにかくまず自分でつくってみたいものをつくり、それを見てもらうことからスタートしました。いろいろな手づくり市に参加するうちに、雑貨屋やデパートの企画イベントなどに声をかけていただけるようになりました。また、それらの活動がきっかけとなり、他のお仕事をいただけることも増え、今に至っています。コツコツと長く続けていくには好きという気持ちが大切ですよね。

▸▸▸ Special Interview　PART.1

──ブランドで大切にしていることはなんですか？

　作品が誰かの手に渡ったその先を想像すること。手に取ってもらったとき、どんな気持ちになるか、生活の中でどういう風に楽しんでもらえるのかを想像することです。

　なくてもいいけどあったらうれしいしかけやおまけ感があることなど、1つだけで終わらないいろいろな使い方を想像して楽しめることにこだわっています。

　小さなお店の扉を開いて、靴音をコツコツと鳴らしながら、ひとつひとつを手に取るように楽しんでいただけたら幸せです。

1&2.カラフルなイラストが可愛いポストカード。　3.女の子と猫が両面に印刷されているカレンダー。　4.おめかしウサギのトートバッグ。
5.女の子とうさぎのブックマーク。　6.猫メイドのイラストプレート皿。

―― ネットショップでは、どんな部分に力入れていますか?

　ネットショップでは顔を合わせての販売はできませんが、お店には違いありません。店主の存在を感じてもらえるように、ブログはまめに更新するようにしています。また、届いた荷物を開けたときに、楽しんでもらえるようメッセージのカードを添えたり、ラッピングを工夫するように心がけています。

　手づくり市にも定期的に参加しています。人前に出す、自分の作品を外から見てみるというのは大事です。外に並べてみると全然見え方が違います。イベントからWebショップの集客へつなげていけたらいいのですが、私はそこがあまり上手くいってないので、これからの課題にしたいです。

ページを開くたびに楽しみが!

「stack」
重ねることをテーマにつくったZINE。しかけを工夫した。

イラストレーター 北原明日香(K)とやがわまき(Y)による妄想アトリエ『Atelier KetY』のZine。両側からそれぞれの絵本が楽しめ、真ん中で2人が出会うつくりになっている。活版印刷、製本など全て自分たちで行った。

> Special Interview **PART.1**

ショップカード、名刺。
リピートしてくださる
お客様が飽きないよう、
デザインはいくつか揃
えて変えている。

—— 今後の目標はなんですか？

　頭のなかにあるアイデアやイメージを、そのままデザインに形に表現できるようになること。自分の頭で想像したイメージと実際とのギャップを埋めて、もっと自由に取り出せるようになりたい。それをたくさんの人に見てもらえるようにしたいです。

—— 作家を目指している方にメッセージをお願いします。

　つくりたいものが頭にあるなら、まずは手を動かしてみること。何よりつくることを楽しむことが大事だと思っています。もちろん生活についても考えなければなりませんが、あまり先を考えすぎるより、自分が熱中して今を思いきり楽しんでみてください。楽しいというその時間は無駄にはならないし、進む道も自然にできていくのではと思います。

現在の活動

〔Web〕http://www.figpolkadot.com/　〔webショップ〕http://figpolkadot.thebase.in/
イベントなどのお知らせはSNSにて▼
〔Twitter〕@figpolkadot　〔Instagram〕https://instagram.com/yagamaki/　〔Facebook〕https://www.facebook.com/figpolkadot

FILE 05

次の目標は
実店舗を持つこと

.ジュエリー作家.

ramunecafe bijoux
ラムネカフェ ビジュー

――― Profile ―――

リング、ペンダントなどの金属を用いたジュエリーブランド。1つひとつ手作業でていねいにつくっている。雑司が谷 鬼子母神手創り市、Pop Montreal（カナダ）などの数々の手づくり市に参加。東京都雑司ヶ谷にて、月1回オープンアトリエをはじめた。

アクセサリーからジュエリーへ

　想いとこだわりが感じられるジュエリーを作り続けているラムネカフェさん。1点1点すべて手作業で丁寧に作品を制作されています。

――― 活動をはじめたきっかけを教えてください。
　昔から雑貨屋やカフェを巡るのが大好きで、だんだんと自分自身でものづくり側に立ちたいと思いはじめ、ブランドの立ち上げに至りました。
　活動をはじめたばかりのころは、作品を持って雑貨屋に営業に行きました。
　当時ハンドメイド雑貨の先駆けとなっていた中目黒のハイジさんにはアポなしで飛びこんだり……。その他、いくつものお店をまわり、そのうちの数軒からお声がけしていただけました。

▶▶▶ Special Interview　PART.1

1.10Kイエローゴールドのヒラヒラ蝶々ピアス。 2.フランスアンティークレースから型どったレースをベースにデザインした繊細なリング。 3.指にさりげなく華やかさを添えるお花モチーフのリング。 4.プレゼントにも素敵、星に願いをペンダント。

5.プラチナペアリング。水玉と縞しま模様。　6.ラムネカフェのショップカードにも使用しているビスケットをモチーフに、スイーツを並べてスタイリング。　7.ホームページの商品画像も全て自分でスタイリングして撮影している。　8.フェアトレードのブローチたち。

027

—— ブランドのターニングポイントはいつですか？

　作品をアクセサリーからジュエリーへと少しアップグレードしたときです。私自身も年を取るにつれ、年齢に見合うような素材を身に付けたいという気持ちも生まれてきたこともあり、変更を決めました。同時に、途上国を旅した経験から、石やゴールドからパッケージに使うものまでできるだけ人や環境に優しいエシカルな素材を使いたいと思うようになりました。こうした材料を使うことで、何か少しでも世の中のためになればいいなという思いを込め、ひとつひとつ大事に作っています。

—— 今後の目標は？

　作品の趣旨を理解いただけるお店やお客様を増やして、少しずつブランドの価値を上げていければと思います。また、いい物件が見つかり次第実店舗を持ちたいと考えています。活動範囲も日本国内問わず、世界にも。さらに社会貢献も絡めていけたら、なお最高です！

雑司ヶ谷鬼子母神手創り市のディスプレイ。お客さまと直接顔を合わせられる場所が自分に合っていると感じる。商品をごちゃごちゃと置かず、それぞれが上品に見えるようなディスプレイを心がけている。

▶▶▶ Special Interview

PART.1

1.ラッピングは1つひとつ丁寧に包装。毎回手書きのメッセージを添えている。　2.全て手作業で制作している。

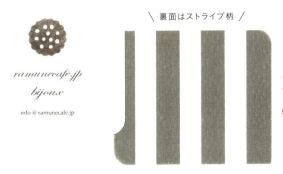

ラッピングやカード、サイトなど、ブランドイメージの統一を特に意識している。

—— **作家を目指している方にメッセージをお願いします。**

　常に表現する場を持つことが大事だと思います。作品を発表する場を持ち、たくさんの人に見てもらうこと。そしてそのフィードバックを意識して、自分を見つめ直す。ときには軌道修正をする。そうすると、だんだんと進むべき方向性が決まってくるのではないでしょうか。

現在の活動

〔Web〕http://ramunecafe.jp/
イベントなどのお知らせはSNSにて▼
〔Twitter〕@ramunecafe　〔Instagram〕https://www.instagram.com/ramunecafe/　〔Facebook〕https://www.facebook.com/ramunecafe

FILE 06

自分がほしいと思ったものを
つくり続けたい

.紙雑貨作家.
遊星商會
ゆうせいしょうかい

---Profile---

「あたらしく なつかしい モノ」レトロな雰囲気のある理科学系モチーフを使った紙雑貨ブランド。『スチームパンク東方研究所』(グラフィック社)『宙ガールバイブル』(双葉社)などに掲載。雑貨店の企画展など定期的に参加している。10〜40代まで、幅広い世代のファンに支持されている。

まわりの方たちへの感謝の気持ちを忘れない

　つくることが好きで、物心がついたころから何かしらつくっていたという遊星商會デザイナーの三好さん。丁寧につくられた作品からあたたかな人柄が感じられます。

——活動をはじめたきっかけを教えてください。
　インターネットを通じてデザイナー、カメラマン、CGデザイナー、音楽関係の方々と知り合い、その方達と交流し作品に触れるうち、自分もつくりたい、その方達にどうしても自分のつくったものをお渡ししたい、という気持ちが湧いてきました。今思えば、ものづくりのプロの方に、素人の私がつくったものをお渡しするというのはお恥ずかしい話ではあったのですが……。そのときに「これは売れるよ」と後押しいただき自信がつきました。夫がつくってくれた販売サイトを、日頃お付き合いのある方々がネットで紹介してくださり、そこから口コミでお客様に見ていただく機会が増えました。

▶▶▶ Special Interview   PART.1

　今も活動ができるのは、家族や周囲の方々やお客さまあってのことです。当時から今まで、関わった皆さまに本当に感謝しています。

―― 今の活動が確立するきっかけになったのはどんなことですか？

　活動当初は、委託販売を行っている雑貨屋をたくさんまわりました。ギャラリーのあるカフェで期間限定の展示販売を行ったことで、他の作家さんからお声をかけていただくご縁もありました。いろいろな展示をご一緒することで活動を広げることができました。

　また、デザインフェスタに出たことで活動が大きく変わったように思います。お店やイベンターの方と名刺交換し、その後紙雑貨の書籍に掲載され、たくさんのバイヤーの方からお声をかけていただくことになりました。

　いろいろな方とご一緒できたのは、本当に運に恵まれたことだったと思っています。

雑貨店「海福雑貨」でのミニ個展。店内のアンティークの雰囲気のなかでも存在感がある。

031

―― 制作をするにあたって心がけていることはなんですか？

　作家性を大切にしてくださるお店の方に扱っていただき、そのお店の方が仕事を続けていけるように、しっかりと利益を得てもらうのも私たちの仕事だと思います。販売店の方、そして工場で制作をお願いしている方の活動がとぎれてしまえば、つくり続けることはできません。

　基本的に、大切な方の労力は値切らないこと。それが信頼につながると思います。お店の方に信頼されれば、それは自然と長期的な視野での利益になります。

　物を販売するということは、物質のやりとりのように見えると思いますが、本質的には、関わって良かったとご満足いただくことだと私は考えています。それはお客さま相手だけではなく、工場、お店、運送、軽作業所の方。あらゆる「自分との関わりがある方」に対して、できる限り心がけていくべきことだと思っています。

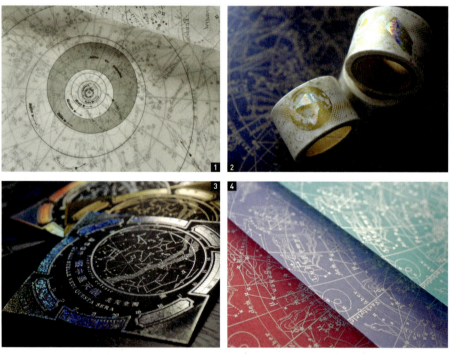

1.人気の高い星座柄の包装紙、星物語。　2.変光金星石柄の箔押しマスキングテープ。　3.懐中星儀紙盤。黒い紙に箔押しで、夜空に星の煌めくような星座盤。　4.半透明紙に活版印刷でインク刷りした星屑透紙。

▶▶▶ Special Interview　　PART.1

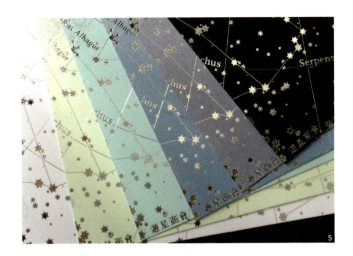

\ 使うのがもったいないくらい /

5.星座と雪の結晶デザインを銀箔で押した、綺羅星紙（きらぼし）銀。　6.金の箔押しと銀マット箔押しの月光箋 星祭。

—— どんな方に作品を買っていただきたいですか？

　ほしいと思ってくださる方に手にとってもらえるのが一番うれしいです。自分より年上の経験豊かな方にお求めされることは、作品を認めていただけるようでとても励みになります。小さなお子さんにほしいと思われることも、真新しい感性に魅力を感じてもらっているようでうれしいです。

　私は自分がほしいと思うものを実現していけることに、やりがいを感じています。規模は小さくていいので、ほしいと夢見ていたものをつくるということを、長く続けていけたらと思います。今後も売れる売れないに関わらず、穏やかに好きなものをつくり、それをいいと思っていただける方とよろこびを分かち合えればうれしいです。

—— 作家を目指している方にメッセージをお願いします。

　活動当初は、大好きな雑貨店さんが作家募集をしていても、気後れしてしまいなかなか申し込みができませんでした。しかし、悩みに悩んだ末に勇気を出して声をおかけしたところ、採用していただくことになりました。このことがその後の私の道を大きく変えたように思います。募集を見かけたときは、ぜひ勇気を出していただきたいです。

現在の活動

〔Web〕http://planet-and-co.net/
イベントなどのお知らせはSNSにて ▶ 〔Twitter〕@yuseisyoukai

FILE 07

とにかく素材に
こだわりたい

.洋菓子作家.
西洋菓子ミレイヌ
―― Profile ――
都内数店の洋菓子店を経て、2013年9月独立。毎日食べてもらいたい、季節の素材にこだわったシンプルなお菓子をつくっている。雑司ヶ谷 鬼子母神手創り市、&scene手創り市、テラデマルシェなど数々なイベントに出展している。今後は、お菓子教室も予定している。

シンプルなおいしさを届けたい

　都内数店の製菓店で修行を積み、独立を考えたとき、1人ではじめられる形として店舗をもたない工房のみの菓子店を開いたというミレイヌさん。ミレイヌさんのお菓子は、口に入れた瞬間素材の香りが広がる優しい味わいです。

―― ブランドで大切にしていることはなんですか？

　「毎日食べてもらいたいシンプルな焼き菓子を」がコンセプトです。国産地粉など、できるかぎり国内産、オーガニックの材料を使用しています。果物は旬の素材にこだわって、その季節だけのマフィン、ジャムを手づくりしています。粉のおいしさや新鮮な果物の風味を感じてもらえるように、焼き菓子やジャムなどの日持ちのする商品でも、つくり置きはしません。

　また、材料にお金をかけたいので、過度な装飾はせず必要最低限の包装を心がけています。商品に付けるラ

▶▶▶ Special Interview   PART.1

ベルのデザインも、お菓子より主張しないようシンプルに。どことなく懐かしい感じが伝わるといいなと思っています。

\ 期間限定グラノーラ! /

ギフトとしても人気のグラノーラ。季節ごと限定の味を出している。

定期的に手づくり市などのイベントに出展している。素材を生かした優しいお菓子はたちまち売れ切れになるほど。

―― 活動当初はどんなことからスタートされましたか？

　まずはブランドを知ってもらうために、ホームページを開設しました。宣伝にはTwitterなどのSNSを利用しています。

　また、店舗がないため、まずは手づくり市などのイベントに参加することから始めました。今でも手づくり市の出展はいつも楽しみにしています。

　屋外のイベントで雨天中止になってしまうと、仕込んだお菓子を売ることができないので、天候の問題は今でも悩ましいですが、販売しながら直接お客様と話をしたり、他の作家さんたちとのつながりができる大切な場所だと思っています。

　当初はイベント出展での販売がメインでしたが、ありがたいことに、最近ではインターネットからの注文が増え、なかなかイベントに出れないこともあります。

―― パッケージなどのデザインはどうされていますか？

　姉がグラフィックデザイナーなので、ミレイヌのデザインはいつもお願いしています。どことなく懐かしい感じが伝わるデザインは、とても気に入っています。活動を続けていけるのは、周囲の協力があってこそ。本当にいつも感謝しています！

―― 作家を目指している方にメッセージをお願いします。

　小規模の手づくり市などで活動している私のような菓子店は、無数にあります。私の場合は、当初からつくっているグラノーラで覚えてもらえたように思います。インパクトだったり、ブランドの売りとなる覚えてもらえる一品があるといいと思います。

イベントではすぐに完売してしまうほど人気の焼き菓子。

▶▶▶ Special Interview　**PART.1**

1.季節の旬の果物に合わせたジャムやグラノーラを用意している。　2.人気の季節のジャム、グラノーラ、ヴィーガンスコーンが入った朝食セット。お菓子に付けたラベルは、どことなく懐かしい感じが伝わるざらっとした紙に。3.年に数回、手づくり市で仲良くなったお花屋さんを講師に呼んでワークショップを行い、そこでミレイヌのお菓子とお茶を用意している。

現在の活動

（Web）http://www.mylenecakes.com/
イベントなどのお知らせはSNSにて▼
（Twitter）@mylenecakes　（Facebook）https://www.facebook.com/mylenecakes

FILE 08

おばあちゃんになっても つくり続けたい

.造形作家.

abarayam
アバラヤ

── Profile ──

壁飾り、アクセサリー、イラストを使ったオリジナルグッズなど、ゆるくて可愛い樹脂粘土を使った雑貨ブランド。百貨店への催事出展、全国雑貨店への委託販売をベースに、年1回ペースで個展を開催している。雑貨の他、フライヤー、CDジャケット、毎年音楽ライブの舞台美術も手がける。

小さいころからつくることが好きだった

　ほっこりとした、その場が明るくなるような人柄が素敵なabarayam緒方さん。その可愛らしい作品からもその暖かさがにじみ出ています。

──活動をはじめたきっかけについて教えてください。
　砂場でお団子をつくる遊びをしている記憶が鮮明に残っているほど、小さいころから、手を動かして何かをつくることが好きでした。高校進学時にデザイン系の学校に進学し、その後自然とこの世界に入っていきました。
　粘土との出会いもそのころです。初めて友達と開催した展示会で、石粉粘土でつくった置物を販売しました。今思うとこの時の経験が今の活動の原点となっています。
　活動当初は、まずイベントや企画展をしているお店の情報を集め、実際に足を運んで雰囲気を見て、応募をしていました。作品を発表するたびにお客様と接する機会に恵まれ、客観的な視点で作品を見ることができ、

Special Interview PART.1

出てくる課題と向き合い、それらを繰り返すうちに達成感や自信がついていきました。

―― ブランドで大切にしていることはなんですか？

　丁寧に、心を込めること。あったら面白いだろうな、楽しいだろうな、ほっこりするだろうな、というものをつくること。なによりも自分自身がそれを好きかどうか、「かわいい！」と思えるかどうかを考えています。

　自分の手でつくりだすこと、面白いと思うことを考えること、誰かの手に伝わって、ほっと心がほころぶ瞬間に出会えること……。その喜びや楽しみをいつも感じています。

1.おきあがるたびに音が鳴るおきあがり小法師。　**2.**盤面デザインや針の形にもこだわった掛け時計。　**3.**台紙と一緒に飾っておきたくなるブローチ。　**4.**フラワーベース **5.**「家族のお顔を」をオーダー頂いたブローチ　**6.**白くまのメモクリップスタンド

1.イヤフォンジャックカバーシリーズ。 2.「ほっぺたでチュウしてる」人気のほっちゅ箸。

―― 活動当初、悩んだことなどはありますか?

　やりたい活動と仕事のバランスがなかなか定まらず、苦しい時期もありました。今思えば、「作家として1人前にならないと」という気持ちだけが先走っていたように思います。無理をしてしまいそうなときは、初心にかえって、「まずは自分が楽しめないと、良いものもつくれないよ」と、そう自分に言い聞かせています。

―― 作家を目指している方にメッセージをお願いします。

　私が作家活動を続けることで大切にしていることは、あまりまわりのことは気にせず、自分のペースを見つけ、つくり続けられる環境を整えること。季節の移り変わりや自然の色や形の美しさを感じとれるように、お気に入りの物に囲まれて暮らすこと。たまには旅に出ること。新しい景色を見たり人々に触れたりすると、植物が水を吸うように、自分の感覚が潤うような気がします。

　自分らしく楽しく、おばあちゃんになっても続けられるように暮らしを整えていきたいと思っています。

ネコのおきあがり小法師／スマイルマグネット

▶▶▶ Special Interview   PART.1

個展「オアシス」DM　吉祥寺PARCOにて

サカナの親子の壁飾り

個展「まんまる森の森時間」DM
友人のシンガーソングライターの歌の世界をイラストにした。歌詞に出てくる「まんまる森」を展示のテーマにした。お気に入りの森で過ごす楽しい時間をつくってもらえるような空間づくりを心がけた。

自宅のアトリエ。粘度を乾かすスペースなど、作業しやすいよう整頓している。

現在の活動

(Web) http://abarayam.com/
イベントなどのお知らせはSNSにて▼
(Facebook) https://www.facebook.com/abarayam　(Twitter) @abarayam

041

FILE 09

自分の好きな自然から 作品のヒントをもらった

.アクセサリー作家.
ninon
ニノン

―― Profile ――

白樺やドライフラワーの自然素材を使ったアクセサリーやリースが魅力のブランド。作品はもちろん、自宅のインテリアも素敵で数多くの雑誌に掲載されている。自宅で数名の作家さんたちとハンドメイドマルシェを開催した。展示会、イベントにも定期的に参加している。

自分が好きなものを好きなだけつくる

　白樺やドライフラワーなどの自然素材を使った暖かい作品が魅力的なninonさん。作品だけではなく、数多くの雑誌のインテリア特集にご自宅が掲載され、そのセンスがたくさんのファンから支持されています。

――活動のきっかけについて教えてください。
　田舎で育ったため、自然に囲まれて暮すのが当たり前でした。年々、自然をゆっくりと味わう時間が少なくなってきたなと思うようになったとき、手仕事の暖かさ、優しさに魅せられ、自分もなにか表現できたらと思ったのがきっかけでした。
　"雑司ヶ谷 鬼子母神手創り市"に初めて参加したのが作家デビューです。それからしばらくは定期的にイベントに参加しました。そのころから、作品をつくる時間が日々の暮らしに定着していくようになりました。初

めて参加したときは、とてもドキドキしていましたが、自分のつくったものが、お客様の暮らしのなかで生きていくんだということが、なによりもうれしいと感じたのを覚えています。

——ブランドのコンセプトはなんですか？

"自然と一緒にいつでもどこでも。どこかイビツでどこか素朴。"です。自然のやさしさ、かわいらしさを私なりの表現方法で、さらに魅力的に仕上げたいという気持ちと、シンプルな素材の組み合わせ、色の組み合わせを楽しむことを大切にしています。花や白樺に、砂糖やコーヒー豆など、暮らしのなかで触れる身近な素材をちょっとだけプラス。1つを2つにすることで広がる新しい発見を、日々探しています。

他のブランドとの差別化は特に意識したことはありません。ただ、作品は自分が好きなものを好きなだけつくっています。誰かの好きなものではなく、私が好きなものを好きなだけ。私の好きに共感を得てもらえる方に、手にしていただけたらなと思いながらつくっています。

1.リース。 2.白樺のブローチ。

自宅の作業スペース。すっきり整理整頓されていて、作業にも集中できる。

—— ご自宅のインテリアやイベントを、SNSで公開していますが、そのきっかけは？

　家ならではのくつろいだ空間で、手仕事の時間にゆっくりと触れあっていただけたらなという気持ちからイベントをはじめました。また小さなお子さまが居てなかなかお店に出かけられない方にも、気軽に来ていただけるようなそんな場所にしたいと思いました。またSNSでは、模様替えをしたり、花を飾ったり、気分転換にペンキでドアの色を変えたり……。自分にとって心地よい場所があるからこそ、作品づくりの時間に溶け込むことができます。暮らしぶりを公開することで作品を手にしていただいた方に、なにかの気持ちがプラスされるといいなぁと思っています。

「丘のおうちのマーケット」の様子。自宅で数名の作家さんたちと開催。お店かと思うような素敵なインテリア。

▶▶▶ Special Interview

PART.1

「cheer × ninon北欧のテーブル時間」cheer表参道店での個展。

―― **作家を目指している方にメッセージをお願いします。**

　自分にとって好きなものが、誰かに反応してもらえる。好きの伝染を楽しめるように、自分のこと、自分の作品を好きでいることが大切だと思います。

現在の活動

〔Web〕http://ninon.petit.cc/
イベントなどのお知らせはSNSにて▼
〔Twitter〕@hana_ninon　〔Instagram〕https://www.instagram.com/ninon0102/

045

監修紹介

「好き」「楽しい」を大切に

小泉七美 コイズミ ナナミ

Profile

アパレルメーカーインテリア部企画室にてデザイナー、ディレクター、バイヤーを経て、2006年恵比寿にて雑貨店「Akorat.」を立ち上げる。また、2005年〜現在までデザイン専門学校で商品企画やブランディングなどの講師を勤める。当時から作家仲間やお客様からの相談が絶えず、現在は占星術家「hosi7」として活動し、Webショップ「soratohosi」にて星と魔法をテーマに雑貨を制作し、販売している。

作品には気持ちと愛をつめこんで

　アパレルメーカー、雑貨店、講師、そして作家と多彩な経歴をお持ちの小泉さん。ものづくりで心がけていることやイベントなどについてお話ししていただきました。

――活動をはじめたきっかけについて教えてください。
　メーカーのデザイナーやブランドディレクターの仕事をしているうちに、私自身も「制約なく、もっと自由にモノづくりを楽しみたい！」と思うようになったのが大きなきっかけです。好きなことを仕事にしたので、仕事とは別の楽しみとして作家としてのモノづくりをはじめました。
　制作や活動などは主に休日や仕事が終わってからでしたが、不思議と疲れませんでしたね。きっと、楽しい、わくわく、といった気持ちのほうが勝っていたからだと思います。
　自分の好きなことに純粋な気持ちで向き合うことって、本当に大きなエネルギー源だと思います。私が特に心がけていることは、「こうしなきゃ！」という方程式に縛られず、自分が思うがまま、これだという道を突き進むこと。経験上、そういうやり方をしたときのほうが、物事がとんとん拍子に進むことが多かったような気がします。

▶▶▶ Special Interview PART.1

——バイヤーとして、声をかけた作家さんはどんな方でしたか?

　雑貨店「Akorat.」では、ギャラリーを設け、手づくり市を仲間で開催したりもしました。また、たくさんの人気作家さんとコラボレーションし商品を企画したこともあります。作品としては、彩りや、作風にピンときたもの、丁寧につくられたものを中心にお声がけすることが多かったように思います。また、店頭でのお客様の反応を見たり、この方のこの部分が加わったらより素敵になると感じたら、ダイレクトにご相談にいくようにしていました。特に作風と素材感と人柄を重視していました。

1.Akorat.で取り扱う作家作品はどれも素敵。ディスプレイも全て1人で手がけている。　2.Akorat.で開催していた「屋上どようび市」の様子。　3.イベントのDMやショップカードなど。

——今までの開催したイベントについて教えてください。

　メーカーのモノづくりに携わり、こうすれば売れる、とか、これがこうきたらこうなる、といったノウハウが自分のなかにあったのですが、ハンドメイドの世界では、そのノウハウがまったく役に立たず、見通しとは異なる結果になることが多々あります。

　それがもっとも顕著にあらわれるのがイベントだと思います。今まで、複数のイベントを開催し、また、作家と

して参加してきましたが、イベント的にこれがあったほうがいいかなと悩みに悩んで生み出した案や作品よりも、自分がいいなと思いながらつくった作品や得意なジャンルの作品が人気商品になることが多かったように思います。作戦よりも、気持ちや愛の入っているモノが、選ばれるのだと実感しました。

今、流行っているからと無理にテイストの違う作品をつくったり、売れてるものを真似したりするよりも、自分が好きだな、いいなと思える作品をつくり、自分自身も楽しむことが一番だと思います。

「sora to hosi」ウィークエンドマルシェショップの様子。

—— 作家を目指している方にメッセージをお願いします。

夢だなぁと思っていても、声に出して言い続けていると、ほとんどのことは現実になります。不思議ですけど本当の話です。無理と思わないこと、現実ばかり見てできない理由を挙げないこと。すごく好きで楽しいと思う気持ちを大切にしてください。

自分自身が楽しんでいると、やる気やエネルギーがわいてきて、いろいろな情報などに対するキャッチ能力が上がってきます。

思い悩む前に、かんたんなことからでいいので、今、できることからはじめてみてはいかがでしょうか。

現在の活動

hosi7 占い・ヒーリングなど占星術師として活動。雑貨もwebshopで販売。雑貨はおしゃれでかわいい、親身に話を聞いてくれると評判で、マルシェは行列ができるほどに。また、デザインやマーケティングについての個人レッスン「デザインことはじめ講座」なども開いている。イベントなどのお知らせはブログにて▶（ブログ）http://ameblo.jp/hosinana7/（Web）http://hosinana.petit.cc/　（Twitter）@hosinana

PART 2

作家としての第一歩を踏み出そう

夢をかなえる
あなたブランドのつくりかた

どんなことがしたいのか、ビジョンを明確にし、
あなただけのブランドをつくりましょう。

01 夢の計画書をつくろう
02 自分だけのブランドをつくろう
03 ターゲット分析をしてみよう
04 コンセプトボードを制作しよう
05 愛着のあるブランド名をつけよう
06 お店の看板になるブランドロゴづくり
07 ブランドのオリジナリティを高めるには
08 自分に合ったペースで活動すること
09 時間のやりくり法

LESSON 01 夢の計画書をつくろう

「ハンドメイド作家になりたい!」がゴールではありません。
頭のなかを整理し、自分のビジョンをイメージすることからはじめましょう。

まずはノートを1冊用意して

　ビジョンは、思い浮かべながら書き出していくことでより明確になっていきます。

　まずは、頭のなかを整理整頓してみましょう。自分自身をよーく見つめて、できることや得意なこと、目標、こんな風になりたいという憧れ像や、こんな方に買っていただきたいというようなイメージを、ノートにどんどん書き出してリスト化していきましょう。

　書くという作業を行うと、何となく考えているだけのときよりも、やりたいことや目指している姿が自分自身にしっかりインプットされ、足りないモノが見えてきます。1年後や3年後の未来像をぐんぐんとイメージしていきましょう。どんな自分になっていきたいのか、何がやりたいのか、今の自分にはどんなことができるか、などを可視化する作業＝夢の計画書をつくるということです。そう考えると取り組みやすいのではないでしょうか。

　計画書をつくる際には、未来の自分を想像するほか、今の時代のことも考えてみましょう。今の時代ってどんな時代なのかな？ それぞれの仕事やその人は、どんな暮らしぶり？ 私の計画や作品は時代に求められているの？ マッチしているかな？ 誰か好きな人はいるのかな？ という具合に考えてみます。これが市場調査のスタートになります。

　そして完成した計画書を見て、はじめられそうなところから、思いつく限りの行動をしましょう。どうすればできるのかな？ 私はこれはできるのかな？ というのは、二の次です。できることからひとつひとつコツコツ始めていきましょう。小さなことからでも、何でもいいのです。未来はどうなるかを心配するよりも、まずは一歩を踏みだすことです。わからないことが出てきたら情報を集めましょう。ネットで検索するのもいいですね。こわがらずに進むことが、作家活動への第一歩です。

>>> 夢をかなえるあなたブランドのつくりかた

PART.2

夢の計画書

具体的に、イメージを書き出してみましょう。

こんな人に買ってもらいたい
- 素材感にこだわるようなお客様に買ってもらいたい
- 贈りものとして買ってもらえるとうれしい

1年後

ブランドの知名度を上げたい！

まずできること
- イベントにたくさん出店！
- 自分ブランドはコレ！というカラーをつくる
- SNSで宣伝する

時代は？
- 景気が悪い
- ファストファッションなどプチプラアイテムが流行
- ガーリーなものよりシンプルなものが流行
- オーガニック素材が人気

手軽に買えるアイテム

3年後

雑貨店に作品を取り扱ってもらえるようになりたい！
目標：10店舗

- 営業するための作品づくり
- ブランドに合うお店を調べる

暮らしは？
- 地味め
- 堅実
- 忙しい

だからこそ厳選してミニマムで満足したい

5年後

自分のお店、アトリエを持ちたい！

- アトリエの一部に販売スペースをつくる

立地は吉祥寺あたりに

- 個展の定期開催
- ワークショップの定期開催

求めていること
- 楽しさ
- ハデよりも落ち着き

- オーガニックや天然素材を吟味していく
- 手仕事の丁寧さ
- アイテムは、導入的な小物からデイリーユースまでの展開が目標

マッチしていない？

LESSON 02 自分だけのブランドをつくろう

あなたがつくりたいもの、表現したいことはなんですか？
じっくり考えてみましょう。

魅力のある個性＝あなたらしさ

　ビジョンがイメージできたら、ブランドについて考えてみましょう。作家活動をはじめるにあたって一番大切なのが自分のブランドをつくることです。世間には、同じジャンルの作家さんがたくさんいます。他と差をつけて、自分の商品を買ってもらうには、ブランドをつくり、商品の価値を高めていくことが必要になります。ブランドとは魅力のある個性＝あなたらしさです。

　たとえば、A社とB社という2社の時計ブランドがあったとします。品質面ではほぼ同等ですが、A社のほうが若干割高。しかし、「格好いい」という理由で手が伸びた場合、それは価格を超えたブランド価値を買ったことになります。このように、品質面ではあまり差がない場合は、ブランド価値はより高くなります。

　満足度が高ければ、「時計を買いに行こう」→「A社の時計を買いに行こう」となり、その結果、リピーターやファンがつくことになります。このブランドはこんな特徴があるんだ、と認識されることがブランドにとって一番大切なことです。

　自分の商品はこんな人に買ってほしい、という明確な考えがあるのであれば、その人たちの心にときめくものをつくらないと商品が売れません。そのためには、コンセプト、ターゲット、商品ラインナップをきちんとかためていく必要があるのです。

ブランドコンセプトのヒントを探す

　まず一番はじめに考えたいのが、ブランドコンセプトです。コンセプトは、ブランドの基礎となる大切な部分。あなたが一番大切にしたいこと、表現したいことはなんでしょうか。

　コンセプトのヒントは、そこらじゅうに転がっています。たとえば、猫が好き、海の近くに住んでいて昔か

ら貝殻を集めている、とにかく絵が好きで休日はずっと絵を描いて過ごしていたい、など、興味があるもの、ずっと続けられそうなことから探してみるのもいいでしょう。また、実家が染物屋さんで染物に関する知識が豊富、名前に植物に関する漢字が入っている、など、自分にとっては当たり前のことが、人から見ればめずらしかったり、すごいと思われていたりということもあります。そういうところから探してみるのも手です。意外なところから、あなたにぴったりの切り口とジャンルが見つかるかもしれません。

```
ブランドコンセプト
     ‖
 ブランドの基礎
一番大切にしたいこと
```

主観的な視点
自分の興味、自然にできること、続けられそうなこと

- 猫が好き
- 海の近くに住んでいて昔から貝殻を集めている
- 絵を描くことが何より楽しい……など

客観的な視点
自分にとって当たり前なこと、自分の属す地域ならではのこと

- 地元の名産品がりんご
- 実家が染物屋さん
- 仕事でアメリカに行く機会が多くアメリカの文化に詳しい……など

LESSON 03 ターゲット分析をしてみよう

どんなものをつくりたいかイメージできても、買ってくれる人がいないと商品として成り立ちません。
どんな人に買ってもらいたいのかイメージしてみましょう。

不特定多数ではなく、たった1人に向けて

　自分のブランドをつくっていくときに大切なのは、たった1人を思い浮かべてつくることです。
　商品となると、売上のことを考えて、みんなに喜ばれるものをつくりたくなりますが、実は的をしぼり込んだ商品構成を考えたほうが奥深く素敵な商品になっていきます。みんなに喜ばれるものとなると、ついあれもこれも、とさまざまな要素をつめこみたくなります。その結果中途半端になりコンセプトからズレていくことがあるからです。商品として販売していくには、このターゲットのしぼり込みが、より重要となっています。作品を作品で終わらせずに商品にするには、どんな人に買ってほしいかをしっかりと分析することが必要です。こうすることで、誰のための商品なのかが、ブランドとして立体的になってきます。「誰か」という漠然としたイメージから「こんな人」と的をしぼることで、より商品づくりのアイディアも湧きやすくなり、具体的になってきます。

ターゲットの的をしぼる

　それでは、ターゲット分析の方法を具体的にご紹介していきましょう。
　まず商品を買ってほしいお客さま像を明確にします。イメージする人物像にぴったりくる人を雑誌やWebで探し、切り抜いてスクラップボードに貼ります。イラストでもOKです。そのまわりに、年齢、職業、家族構成、住んでいる地域、趣味、部屋の様子、バッグの中身、服装、好きなショップブランド……など、できるだけ細かく、その人の情報、好みそうなものを並べていきます。
　ポイントはお部屋の様子や、ワードローブ、バッグの中身です。ここを重点に膨らませていきましょう。数あるイメージのなかから、これは好きそう、合っていそう、と選んでいるうちに、色やデザイン、素材感、スタ

▶▶▶ 夢をかなえるあなたブランドのつくりかた PART.2

イルなど一定の好みがはっきりしてきます。すると、アメリカン、フレンチ、ナチュラル、ポップ、和風、シンプルなどのスタイルも自然と現れてきます。

　このターゲットのお部屋や、ワードローブ、バッグの中身に、あなたの作品＝商品があっても違和感がなさそうと感じられるならば、自分のブランドのターゲット分析成功です。その自然な動作のなかに溶け込むようなラインになればOKです。違和感を感じれば、ターゲットの見直しや、自分の作品＝商品のデザインやブランド自体の調和のための修正や見直しが必要かもしれませんね。このターゲットとブランドのラインがバッチリ揃うようにどちらかを調整していきましょう。

ターゲットの人物像をイメージ

イメージ人物像を雑誌やWebで探す

↓

・年齢
・職業
・住んでいる地域
・家族構成
・趣味
・バッグの中身は？
・好きなブランドは？
　など……

Nanami's Advice

想定した人物像のお部屋に
あなたの商品があったら？
違和感があるようなら
見直してみましょう。

イメージ像をスクラップする

雑誌やWebなどから
ターゲットのイメージに
合いそうなものを選び、
スクラップしていく

お部屋の様子
ワードローブ
バッグの中身
を重点的に

デザイン、スタイルの好みが見えてくる

色　デザイン　素材感　スタイル　‥‥　アメリカン　ナチュラル　フレンチ　ポップ…

自分の商品が、その人の生活に溶け込むか確認

LESSON 04 コンセプトボードを制作しよう

自分のブランドのコンセプトは？ ターゲット、コンセプトの軸をしっかりしていないと
商品をたくさんつくっていくうちにブレたりしてしまうのでしっかりまとめましょう。

コンセプトボードとは

　ブランドコンセプトが決まり、ターゲット分析もできたら、その結果をもとに、自分のブランドのことをまとめてみましょう。これが、コンセプトボードです。ボードをつくることは、ブランドを現実化するためにとても大切な作業です。ここで、商品ラインナップ、ブランド名、ロゴを決め、ブランドが確立となります。また、長く活動を続けていくことでコンセプトのブレが生じてくると、なかなかブランド価値をつけるのが難しくなっていきます。そんなときに、このボードが基本軸となります。

　視覚的にまとめることで、頭のなかが整理できて、スッキリとします。また、ボードがあると、ショップからのお取引や雑誌の取材など、何かのチャンスが舞い込んできた際に、自分のブランドのことをしっかりプレゼンテーションすることができます。

形式は自由！

　それでは、実際にコンセプトボードをつくってみましょう。用紙1枚にコンセプトやデザイン設定、商品構成、ロゴなどをまとめていきます。夢の計画書を考えたときのように、自分のスタイルや夢をイメージしスクラップしてまとめたボードを1枚つくるといいかもしれません。形式は自由です。人に見せる場合は、プレゼンテーション資料のようにパソコンでまとめるほうが、見やすく綺麗かもしれません。

　コンセプトボードは、自分のブランドのターゲット分析をしたときにまとめたターゲットボードと、流れがつながるように作ります。感覚的なものですが、難しくはありません。

　このボードには正解はありません。自由に自分のブランドのイメージが伝わるようにつくることがポイントです。じっくりと向き合って、自分のなかのイメージを形にしていきましょう。

コンセプトボードには、以下のような項目を載せるとよいでしょう。

コンセプト・ブランド名

自分がやりたいこと、つくりたいものをテーマにあげ、自分ブランドのコンセプトを立案しましょう。

ターゲット設定

年齢や趣味、読んでいる雑誌など、できるだけ細かいところまで想像しましょう。(→P.54-56)。

デザイン設定

ブランドのイメージのカラーや書体も決めましょう。また、ブランドのイメージのロゴやマークも考えてみましょう(→P.62-65)。考え方のポイントとしては、伝えたいイメージなどからどんな色がふさわしいか、また、使う文字もどういう感じだとよりそのイメージが伝わるかを選んでいくのがポイントです。

商品構成

どんな商品やサービスの展開をしていくかを考えます。ここでは、わかりやすいように、仮のブランドを想定して挙げてみます。参考にしつつ、自分の場合は何がいいかな？と創造の羽をひろげてみてください。

▶▶▶ 夢をかなえるあなたブランドのつくりかた

PART.2

コンセプトボードの作り方のポイント

ブランドの佇まいが伝わるようにイメージしましょう。
パソコンでまとめる場合のポイントを紹介します。
手書きでもOKです。

〈 コンセプトボードのレイアウトについて 〉

書体　書体はブランドや作品の雰囲気に合わせたものを使います。
書体の表情をよく観察して、雰囲気に合っていると感じるものを選びましょう。

イメージの連想例

| 優しい・柔らかい・女性的・温もり | ‥‥‥ 丸みがあり、どこか線の細い女性を感じるような書体を探してみます。 |

| シンプル・かっこいい・強いインパクト | ‥‥‥ 角のあるような、カチッとした感じのする男性的もしくは中性的と感じるようなやや太さのある書体を探してみます。 |

[　**書体選びのポイント**
なじみのある文字の形かどうかや、見た瞬間にわかる可読性の高さ低さも
ブランドの方向性や雰囲気の基準になります。　]

色数　色数は抑えて、ブランドの雰囲気を伝えます。
色から伝わってくるイメージを感じ取って、色を選びましょう。

内容構成　ブランドの持つコンセプトや雰囲気が、より引き立つように工夫して構成を考えます。
ストーリーが見えてくるような感じがベストです。要素を詰めこみすぎるとわかりづらくなるので、
整理して伝わりやすくします。

レイアウト　文字は、揃えて配置したり、1枚の紙面の全体の見やすさを
心がけましょう。少しの工夫で、見やすく安心感のあるレイアウトになります。

➡ **コンセプトボード** ＝ **ターゲットボード**　コンセプトボードとターゲット分析をしたターゲットボードのイメージがつながるものにする

コンセプトボード例　　布と手刺繍の雑貨ブランド

コンセプト
素朴でシンプルな北欧テイスト。
どこかほっとする休日のような気分になり、北欧の風を感じるようなブランド。

ブランド名
「helg」：ヘリィ
フィンランド語で休日の意味。(→P.62-63)

ロゴ
セリフのあるタイプよりは、ゴシック系でシンプルなイメージ。
ロゴのメインカラーは、鮮やかなネイビーとホワイトを基調に。(→P.64-65)

デザイン
北欧を感じさせるナチュラルさを。甘くなりすぎないように。

カラー
ロゴのメインカラーは、鮮やかなネイビーとホワイトを基調に。
ポイントにパキっとしたカラーも入れていく。

ターゲット
30代女性。素材を活かしたシンプルなデザインのものが好き。
趣味は雑貨あつめ。

素材
コットンや麻など天然素材を使用。

商品構成
バッグ、ポーチ、ハンカチ、ティッシュケース、ブックカバー、名刺入れ、ブローチ、
ヘアアクセサリー、コースター、ランチョンマットなどインテリア雑貨

▶▶▶ 夢をかなえるあなたブランドのつくりかた

PART.2

concept

布と手刺繍のブランド 「helg」：ヘリィ
ヘリィとは、フィンランド語で休日の意味。
素朴でシンプルな北欧テイストに、気持ちよさ、
心惹かれる色合いを大切にしています。
どこかほっとする休日のような気分になり、
北欧の風を感じるようなブランドです。

item

image color

brand logo

helg

- ・北欧を感じさせるナチュラル
  シンプルな形状やデザイン
- ・素材はコットンや麻など天然素材を使用
- ・素朴さのなかに、とき折、
  パキっとした北欧カラーも入れていく
- ・甘くなりすぎないように心がけている

- ・安さよりも素材にこだわる30代女性向け
- ・北欧っぽさもいれた
  フィンランド語からのブランド名
- ・ブランドロゴのメインカラーは、
  鮮やかなネイビーとホワイトを基調に

LESSON 05 愛着のあるブランド名をつけよう

あなたブランドですから、名前の付け方も十人十色です。
自分にぴったりのブランド名を探してみましょう。

自分に連動するストーリーを入れる

　ブランドを立ち上げるとき、皆さんが特に悩まれるのが、ブランド名です。長く使うものだし、覚えてもらいやすいものがいいですよね。
　わたしが以前立ち上げた自分ブランド「Akorat.(アコラート)」という生活雑貨のブランドの名前を決めたときのお話をしましょう。まず、[A]や[あ]から始まるものにしたいと考えていました。なぜならば、商品が雑誌や書籍や何かに取り上げられた場合、索引やリストに名前や連絡先が載りますよね。そのときに[A]や[あ]から始まる名前だと最初の方に載るからです。最初に載っていれば印象に残りやすいですよね。また、[A]や[あ]という音には、とても強い響きを感じ、なんとなく力をもらえる気がしました。
　そのほか、言語と意味にもこだわりました。「Akorat.」はチェコ語で「ちょうどいいです」という意味。チェコ語というのがポイントです。英語やフランス語だといい意味や響きが良い言葉は、すでにどこかの企業やお店で使われていることが多いのです。そういう名前にしてしまうと、ネット検索でも上にはこないですし、商標[※1]をいざ取ろうとしたときにすでにどこかの企業が持っていたりします。ですから、後のことを考えても、まだ未開の名前や綴りにすることも必要になってくるのです。まだそれほど多く浸透していない国の言葉のなかで良さそうな意味の言葉の綴りと音を調べました。チェコは、お城とおとぎの国のようで、以前、訪れたことのあるとても思い入れのある国で、このブランドをはじめるきっかけをくれたようにも思いました。そんな考えで「Akorat.(アコラート)」という名前に決めたのです。

※1　「誰が作った商品なのか？」ということを表すマークのこと。商標登録は、特許庁でできる。

素敵な国の言葉の文字の響きや意味、そして、好きな言葉と好きな言葉を組み合わせて造語をつくったり、自分自身の名前を変化させたり、愛着や思い入れのある言葉などから考えてもいいです。あなたらしい雰囲気を伝える、あなただけの愛着のある名前を見つけてください。

人気作家さんにインタビュー

ブランド名の由来は？

DOT MELTさん

色々な好きな単語をたくさん書き出してDOTとMELTの響きや字面にピンときて付けました。自分の使いたい、欲しいものを基本に作るので、好きなもの（ドット）が使ってくれるひとに溶け込む（メルト）ようにという気持ちで付けました。

abarayamさん

abarayam（あばらや）は初めて作ったHPの名前でした。イベントに参加する際にそのまま作家名にしました。「あばらや」は「かさ地蔵」というお話に出てくるおじいさんとおばあさんが住むボロボロの家のこと。小学校の授業ではじめて聞き、記憶に残っていたのです。「休憩用の小さな家」という意味もあるようです。

ラムネカフェさん

"ラムネ"は、ボトルを開けるときのなんとも言えないワクワク感がありますよね。そのワクワク感を皆さんと共有できるようなコミュニティ的な存在になりたいなと思いラムネカフェ名付けました。懐かしい感じのニュアンスが気に入っています。いつかお店を持ち、そこで珈琲を出して、皆さんと談話できる日を楽しみにしながら、ひとつひとつ丁寧に製作しています。

遊星商會さん

理科らしさとアンティークの雰囲気を出すために、『遊星』という言葉を使っています。手作業、手作りの品でしたが、工場で作ったような雰囲気で作ろうと決めていたので、会社っぽいキッチリ感を出すために、『商會』としました。「會」を旧字体にしているのは、古めかしさを出したかったためです。

西洋菓子ミレイヌさん

昔から街にあるような、懐かしくて親しみやすい洋菓子店をイメージして、「西洋菓子ミレイヌ」にしました。ミレイヌは私が高校でフランス語の授業ときに使っていたニックネームMylène（ミレーヌ）からとりました。

Nanami's Advice

自分に連動するストーリーがあるととても良いですね！

LESSON 06 お店の看板になる*ブランドロゴ*づくり

ブランドロゴが印象的でブランド名もいつの間にか覚えてしまったということはありませんか。
そんな素敵なブランドロゴになるよう一緒に考えてみましょう。

自分にあったタイプで制作しよう

　ブランドロゴは、毎回目にするものですし、パッと見てすぐに「あのブランドだ！」と覚えてもらうのにとても大切ですよね。制作にあたっては、以下の3つのパターンがあると思います。

❶ オリジナルのイラストやマークを使ったオリジナリティがあふれるもの
❷ ブランドにあった書体を選んでそのブランドらしい文字の間隔でシンプルに表したもの
❸ シンプルでどこかにオリジナルポイントを加えたもの（❶と❷のミックス）

　手書きのイラストが得意ならば、もちろんブランドロゴに取り入れたいですし、洗練された雰囲気や高級なイメージを大切にしたいならば、シンプルにすると特別感やモダンなイメージが出てきます。ミックスタイプは、ブランドらしさをほどよく取り入れやすく、かわいい、かっこいい感じもするけれど、どこかほのぼのするところもあるなど、まさに合わせ技のイメージを出すことができます。ブランドロゴのデザインのポイントとしては、パッと見たときに文字がごちゃごちゃせず、ある程度の可読性があり、モチーフが認識できるということが大切です。また、名刺など小さい部分にも載せる可能性があるので、線も細すぎず、要素を詰め込みすぎずということを心に留めてデザインを考えてみましょう。
　DMやフライヤー、参加イベントのWebサイトに掲載される際に見やすいことも大切です。また、商品パッケージにも入れることもイメージしてつくりましょう。ブランドロゴやマークは長く使うものですし、顔や看板につながる部分。グラフィックデザインが苦手でどうしても上手く考えがまとまらない場合は、プロのグラフィックデザイナーの方にイメージを伝えてつくってもらうのも1つの方法です。自分で思いを込めて制作するのもいいですが、1人ですべてをやろうとせず、ときには臨機応変に対応することも必要です。

雑貨作家Moさんの場合

▶ ロゴデザインコンセプト

「淡く控えめな、可愛さ」〜ときめくデザイン〜「umi soko＝海底」という意味があります。「umi」の部分では、ゆるやかな波の上をカモメが飛んでいる様子を表現しました。全体を通してまとまりがあり、どこにでも馴染むようなシンプルなデザインにしました。

▶ ブランドコンセプト

「海の世界に生きている・・・ちょっと不気味な生き物・見たことのない形の生き物を、可愛く表現することで、女の子が海の生き物に興味をもつきっかけをつくる」

Mo
（HP）http://creativeactive05.wix.com/moom
（Twitter）@aiaooom

Nanami's Advice

PCでのデザインが苦手な方はプロのグラフィックデザイナーにお願いしましょう。

LESSON 07 ブランドの**オリジナリティ**を高めるには

憧れの作家さんは、どうやってほかの人と差別化しているのか疑問に思ったことはありませんか。
そんな秘密にせまります。

ほかのブランドにとらわれない

　人気ハンドメイド作家さんたちの作品をながめていると、どうしたらこんな風にオリジナリティにあふれ、心がときめくような作品をつくれるのだろうと思いませんか? 人気作家さんたちは、どのようにして自分のブランドの空気感をつくり、並み居るブランドとの違いを出しているのでしょうか。

　私が数多くの作家さんとお会いし、お話ししていて気が付いたことは、みなさんあまりほかのブランドを気にしたり、意識していないということ。いざ活動を始めると、どうしても同じジャンルで活動する作家さんのブランド、作品が気になってしまうと思います。しかし、まわりを気にしすぎると、自分のブランドの世界観を狭めてしまうことになります。市場調査(→P.118-121)は大切ですが、あまりその他のブランドにとらわれず、自分のつくりたいもの、表現したいものを突き詰めていきましょう。それが、結果としてオリジナリティを高めることにつながります。

感覚をとぎすます

　世界観を広げる、つくりたいもの、表現したいものを突き詰める、というと、少しとっつきにくい印象を受けるかもしれませんが、そんなに難しく考える必要はありません。一番の近道は、自分らしいこだわりや、自分が好きだと思うポイントにたくさん気が付くことです。

　たとえば、本や雑誌、ブログ記事、雑貨など、生活のなかで気になるものを見つけたらメモしておき、どこが気になったのかな? なぜ目に留まったのだろう? と考え、分析してみましょう。類似品がある場合は、それらについても調べ、見比べてみてください。たくさんの気になるものをながめて日常的に分析していると、共通項や傾向が見えてきます。そのうえで、自分ならばどうするかな、どうしたらもっとしっくりくるだろう、

> > > 夢をかなえるあなたブランドのつくりかた **PART.2**

というイメージ（妄想）をしましょう。

　こんな風に、自分で考え、作品と向き合っていると、いつの間にか感覚がとぎすまされていきます。そうすると、自然と目指す方向性もかたまり、なかなか他人にはまねのできない存在感を放つようになるでしょう。ちょっとしたバランス、ニュアンスかもしれませんが、それが自分のブランドのオリジナリティにつながります。

埋もれないブランドになるには

ほかのブランドはあまり気にしない

- ・自分らしいこだわり
- ・好きなポイントに気付く
- ・類似品を研究
- ・情報収集

・デザイン・素材のこだわり
・色の組み合わせが好き
・他の似たブランドとはここが違う
・接客サービスだけは負けない　など

自分らしさ

Nanami's Advice

誰でもないあなただけのデザインと空気を持った作品にするには、あなたらしいこだわりを見つけることです。

LESSON 08 自分に合ったペースで活動すること

ブランドの方向性がまとまったら、活動ペースについて考えてみましょう。

無理のないスケジュールをつくる

作家として活動するにあたって最初に決めておきたいのが活動のペースです。

作家活動1本で活動している方もいれば、他のお仕事とのダブルワークをしている方もいます。活動をしていくには、時間の使い方を上手にこなしていく必要があります。

たとえば、P.51の夢の計画書にも記載した、イベントに出展するという目標から実行していく場合について考えてみましょう。出展するイベントが決まったら、自分なりのそのイベントでのテーマやどんなことがやりたいかという、ビジョンをまとめます。そのイベントが半年後なのか、1ヶ月後なのかによって制作のペースを計算していきます。

たとえば、半年後のイベントに出展する場合のスケジュールについて考えてみましょう。

〈半年後に開催されるハンドメイドイベント〉
- ▶ イベントの規模：少し大きめ
- ▶ ディスプレイ商品のアイテム数：150〜200
- ▶ 1商品の在庫数：平均3点。人気商品は10点くらい

〈制作スケジュールの目安〉

5ヶ月前：新作商品のアイテムを考える

4ヶ月前：デザインデータ制作スタート

3ヶ月前：新作商品のデザイン入稿完了→新作商品の完成

2ヶ月前：ブローチ・ストラップなどの商品の制作

1ヶ月前：ディスプレイ・装飾の決定

2週間前：名刺とショップカードの入稿

1週間前：ディスプレイ完成

　目標が200個とすると、1ヶ月に50個、1日に1、2個作るペースで進めないといけません。自分の現在のスケジュールと照らし合わせ、1日にだいたいどのくらいの制作時間を取れるか、他の仕事で平日時間が取れない場合は、休日にその分も進めるなど自分に合ったペースを見つけることが重要です。

　しかし、場合によっては1ヶ月後のイベントに出たい場合もありますよね。その場合、目標数と制作時間が取れないと不安に思うかもしれません。

　時間がかかる＝素敵なものとも限りません。時間がかかるかからない関係なく、ディスプレイしたときのはなやかさやインパクトが重要です。時間がない場合は、手間のかからないインパクトなアイテムを増やすなど工夫しましょう。ラインナップもバランスが大事です。無理のないスケジュールは、長く活動を続けていくにはとても大切です。

　また、活動してすぐは、まずハンドメイドマーケット[※1]で、数点出品し、何の商品が人気があるか、反応を見てみるのもいいと思います。そこで反応があったものの在庫をまず増やす、人気のラインナップを増やすなどして、自分の制作ペースをつかみましょう。

Nanami's Advice

まずは、イベントに出展するなど、目標を決めてスケジュールを立てましょう！

※1　ハンドメイドの作品を出店できる、ネットショップ。minne、Creema、iichiなどがある。

時間のやりくり法

活動のペースは人それぞれです。人気作家さんたちの時間の使い方を参考にして、
自分にはどんな活動ペースが合っているのか考えてみましょう。

効率よく時間を使う

　活動のペースといっても、なかなかイメージしにくいところもあると思います。前ページでもお話ししましたが、作家活動1本で生活している方、ダブルワークをされている方、子育てと両立しながら活動されている方など、さまざまです。作家さんの数だけ、活動ペースがあります。1日はたったの24時間。そのなかで日々の生活をこなし、制作時間を確保するには、効率よく時間を使う必要があります。

　ここでは、ライフスタイルがそれぞれ異なる作家さんの1日のタイムスケジュールを1週間のスケジュールをご紹介します。参考にしつつ、自分の場合はどうかな？ どうしたら無理なく制作時間を確保できるだろう？ と考えてみてください。

 ninonさんの場合　　家事と子育てをしながらの作家活動

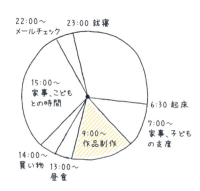

　子どもが幼稚園に行っている時間が、唯一の制作時間です。家庭と制作を上手く両立することを心がけています。子どもが小さかったころは、子育てと制作時間のバランスが上手くとれず苦労しました。土、日は完全にオフにしてメリハリをつけています。

> 月〜金‥‥‥日中、子どもが学校に行っている間に制作
> 土、日‥‥‥お休み

emuuuさんの場合　グラフィックデザイナーの仕事とダブルワーク

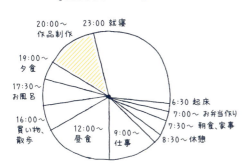

【emuuuさんの1日】

平日の昼間は主にグラフィックデザインの仕事をし、emuuuの商品デザインは主に平日の夜と土日を使っています。家事もこなしながらの朝型生活。タイムスケジュールは、きっちり配分されています。休憩の時間、買い物や散歩の息抜き時間も組みこみ、無理のないようにやりくりしています。

```
月〜金 ‥‥‥ 日中は仕事、夜に制作活動
土、日 ‥‥‥ 制作（オフにすることも）
```

DOT MELTさんの場合　作家活動1本で活動

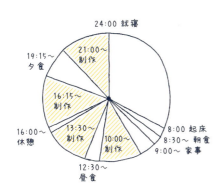

【DOT MELTさんの1日】

午前の早い時間に家事を済ませて、それ以外の時間を制作にあてています。基本的にはあまり時間を細かくは決めすぎず、ゆとりのある過ごし方で、制作の気分がのらないときは料理や家事や息抜きを挟んでいます。

以前は、家事と仕事の切り替えが難しく感じていましたが、家事、休憩の時間を作ったことで、制作に集中できるようになちました。

```
月〜金 ‥‥‥ 制作
土、日 ‥‥‥ お休み（土日にイベントがある場合は、平日にお休みすることも）
```

COLUMN.1
知っているようで知らない
著作権のお話

トラブルに巻き込まれないよう、今一度確認してみましょう。

▶ **生地や小物類**

　ショップオリジナルの生地やブランド生地、小物類は、商用利用禁止をしている場合があります。個人使用のみ可なのか、商利用可なのかを確認してから利用しましょう。

▶ **デジタル素材集**

　書籍にはデータ使用の際の注意時項や権利について記載されていますので、確認してから利用しましょう。デザインとしての利用や加工OKの商用利用の可能なものを利用しましょう。

　また、商用利用可能であっても、素材データそのものの販売や複製は禁じられている場合がほとんどです。

▶ **インターネットからのフリーダウンロード素材**

　インターネットには、写真やイラストが無料で利用できる素材がたくさん紹介されています。無料だからといっても、著作権を放置していない場合もありますので、必ず利用規約に目を通しましょう。商用利用がOKでも、細かい規約がある場合もあります。

PART 3

スムーズなサイクルがポイント

制作と販売について考えよう

ブランドを立ち上げ、商品構成も決まったら、
次のステップである制作と販売の準備をはじめましょう。

- 01　作品が商品になるまでの流れ
- 02　自分に合った販売方法を探してみよう
- 03　おすすめの販売方法って？
- 04　効率よく制作するには
- 05　作家さんのおすすめ愛用グッズ紹介
- 06　在庫管理で利益UP！
- 07　失敗しない仕入れのポイント
- 08　材料の宝探しに問屋街へ
- 09　もう悩まない！価格の決め方
- 10　販売するために必要な届出と手続き
- 11　ハンドメイドイベントに出展してみよう
- 12　全国の人気ハンドメイドイベント
- 13　ギャラリー・レンタルスペースで作品を展示する
- 14　ハンドメイドマーケットで販売してみよう

LESSON 01 作品が商品になるまでの流れ

販売するためには、ただなんとなく作ればいいのではありません。
計画をたて、効率よく進める必要があります。

スムーズな制作の流れをつくる

ブランドができて、商品構成も決まったら、次のステップである制作と販売の準備をはじめましょう。販売までには次の過程があります。

▶ **1：販路を決める**
　最初に「どこで売るか／売りたいか」を検討しましょう。

▶ **2：企画（テーマ）を立てる**
　時代やイベントのテーマにあった商品のテーマやアイテムを、多角的に考えます。

▶ **3：商品開発**
　素材や構造なども含めて、デザイン案をねっていきます。

▶ **4：サンプル作成と価格設定**
　サンプルをつくり、かかる時間や材料費などで販売価格を検討します。

▶ **5：商品決定**
　いろいろ試行錯誤して、商品化するものを決めます。この際、売上目標や在庫数も決めます。

▶ **6：制作**
　手を動かしてどんどん商品をつくっていきましょう。

▶ **7：販売！**
　お客さまの反応を見て、次回の生産数を決めます。

>>> 制作と販売について考えよう

PART.3

　スムーズに制作するためのポイントは、最初に「どこで売るか」を決めることです。さまざまな販路がありますが、自分に向いているのはどこかよく考えてみましょう(→P.76)。販売する場所が決まったら、どのような展開をしたいかまとめます。たとえば、販売場所を近くの広場で開催されている「イベント」とした場合、そのイベントにあったテーマ、自分がやりたいこと、スペースとディスプレイなどをイメージし、商品のラインナップをセレクトしていきましょう。このとき、簡単にイメージをスケッチしながら進めると、どの商品をいくつくらいつくればいいのかが見えやすくなります。また、制作中にこのスケッチを見直すと、あれこれ迷わずにすむのでおすすめです。

イメージスケッチ

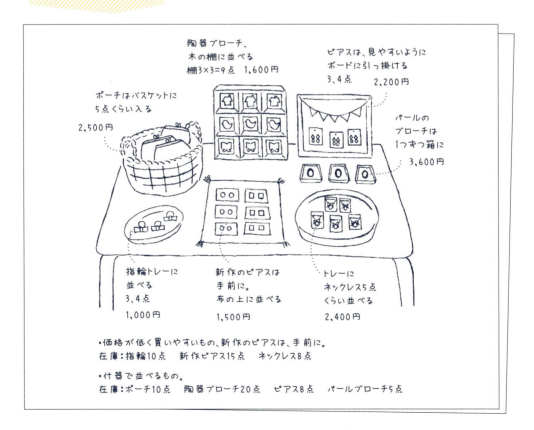

陶器ブローチ、木の棚に並べる
棚3×3=9点　1,600円

ピアスは、見やすいようにボードに引っ掛ける
3、4点　2,200円

ポーチはバスケットに5点くらい入る
2,500円

パールのブローチは1つずつ箱に
3,600円

指輪トレーに並べる
3、4点
1,000円

新作のピアスは手前に。布の上に並べる
1,500円

トレーにネックレス5点くらい並べる
2,400円

・価格が低く買いやすいもの、新作のピアスは、手前に。
　在庫：指輪10点　新作ピアス15点　ネックレス8点

・什器で並べるもの。
　在庫：ポーチ10点　陶器ブローチ20点　ピアス8点　パールブローチ5点

LESSON 02 **自分に合った販売方法を探してみよう**

手づくり市、ギャラリーなどでの企画展、委託販売、ECマーケットなど、販売方法はさまざまあります。
特徴や目的を知って、自分や作品に合った方法を見つけましょう。

あなた次第でそれぞれにチャンスがある

販路には大きく分けて①イベント系と②ハンドメイドマーケット系の2つがあります。

①のイベント系というのは、ハンドメイドイベントやギャラリー、雑貨店などの企画展などでの展示や販売です。以前は、お店にはいつもメーカーの商品が安定的に並んでいたり、新作や季節の商品が賑わっていましたが、近年、ギャラリーやお店の企画でハンドメイドの作品を取り扱い展示したり、マーケットが開かれることが多くなってきています。ハンドメイド作家さんにとっても、そこで作品や存在が目に留まり人気になれば、定期的にイベントのお話が来たり、委託販売[※1]にて常時販売の取り扱いになったりというチャンスにつながります。

②のハンドメイドマーケットは、インターネットを利用して取引する市場のことです。Webショッピングといえば「楽天市場」「Amazon」などがありますが、これのハンドメイド版というイメージです。いくつか人気のあるサイトをご紹介します。

▶ minne（ミンネ）　https://minne.com/
▶ tetote（テトテ）　https://tetote-market.jp/
▶ iichi（イイチ）　https://www.iichi.com/
▶ Creema（クリーマ）　http://www.creema.jp/

Nanami's Advice
ハンドメイドマーケットで人気になると、百貨店や量販店などで販売させてもらえたりするチャンスも！

※1　商品の製作者が、雑貨屋などのショップに期限を定めて販売業務を委託する商いの方式。売上の何パーセントを支払うなど手数料がかかることが多い。

>>> 制作と販売について考えよう   PART.3

　ハンドメイドマーケットは、お家の中にいながらお店を開くような感じです。天候やギャラリーの休館日に左右されない点はとても心強いです。そこで作品が目に留まり人気が出れば、主催しているサイトのイベントに参加したり、買付けなどの話が来たりというチャンスにつながります。

1 ギャラリー、雑貨店、イベントでの販売

企画展での作品の展示や販売

実際の商品を置く

メリット
- お客さまの購買層がわかる
- お客さまが実物を手に取れる
- お店の意見が聞ける
- お店に置くことで空間で展示する方法が身に付く

デメリット
- 常時販売できない可能性がある
- 場所代がかかる場合もある

存在が目に留まり人気がでれば…

- 定期的なイベントの依頼
- 委託販売 常時販売

2 ハンドメイドマーケットでの販売

Web上の販売サイト

画像で商品を掲載

メリット
- 幅広い年代にアプローチできる
- 商品の特徴を細かく伝えられる
- 天候に左右されない
- どんな商品が売れているかリサーチできる

デメリット
- お客さまの反応がつかみにくい
- サイト誘導が難しい

存在が目に留まり人気がでれば…

- ハンドメイドマーケット主催のイベントと連動
- Web上でバイヤーやお店から買い付けられる

イベントとハンドメイドマーケット、どちらにも魅力がありますので、上手に使いわけて活動しましょう。

LESSON 03 おすすめの販売方法って？

さまざまな販売方法がありますが、ここでは作家デビューの初めの一歩におすすめしている
"ハンドメイドイベント"について詳しくご紹介します。

おすすめはハンドメイドイベント

　LESSON02では2つの販路をご紹介しました。自分に合っている販売方法を選ぶことが一番ですが、私は、作家活動をはじめたばかりの人には、まずハンドメイドイベントへの出展をおすすめしています。

　ハンドメイドイベントとは、主に公園や神社や広場で開催される手づくりの雑貨や作品を扱う販売のための市場です。「手づくり市」や「ハンドメイドマルシェ」などとも呼ばれています。近年では、東京をはじめ、全国各地方で開催されています。あなたの街でも何かしら開催されているのではないでしょうか。

　イベントでは、ハンドメイド作家さんが自ら出展、販売していて、クオリティの高い作品が多く並んでいます。また、とても手がかかっているのに、流通を通していない分だけお求めやすい価格であるなど、買い手にはうれしい要素もふんだんにあります。

ポイントは"サイズ感"と"作家仲間"

　おすすめする理由の1つめは、自分サイズにちょうど良いスケールであることです。開催地の規定にもよりますが、基本の出展スペースは1〜2mくらいの四方スペースで、敷物や机や椅子などディスプレイに必要な什器も全部自分で用意して持ち込みます。20坪のお店のスペースを埋めるとなると、商品もたくさん必要になりますし、什器を揃えるのも大変です。1〜2mくらいであれば、真っ白なキャンバスのように自由で手軽に創り上げるのにちょうどいいサイズです。参加料もギャラリーのレンタル料金に比べるとお手頃なのも魅力です。ハンドメイドイベントは、小さなお店の店主になったような、個展を開いているような感覚です。ダイレクトにお客さまの生の声を聞いたり、要望や好みなどを探ったりするチャンスです。初めてでも、これならばできそうな気がしてきませんか？

2つめは、なんといってもほかの作家さんとの交流が盛んで、情報収集などにぴったりな場であるということです。参加者側（ファン）としてイベントを見にいっても得られるものはたくさんありますが、主催者側（作家）という立場だと、ほかの作家さんとの距離感も変わってきます。何度か参加していると一体感、仲間意識も出てきて、密な話もしやすくなりますし、いろいろな悩みや相談ごともできるようになってきます。「ディスプレイどうやって考えてる？」「ラッピングはどうしてる？」など、訊いてみてもいいでしょう。そのなかで、「あのイベントはおすすめ」「最近あれいいよね！」といった情報もどんどん入ってくるようになります。作家として同じ立場の味方ができるととても心強いです。

また、自分の作品が目の前で選ばれるよろこび、お客さまとの会話、なじみのお客さまが増えてくることなどを体感できるのも醍醐味です。

人と話すことが苦手、スケジュール的に外に出るのは厳しい、というような方は無理をする必要はありませんが、得るものはかなり大きいと思います。少しでも興味を持った方はぜひチャレンジしてみてくださいね。

ハンドメイドイベントの特徴

- ▶ 流通を通していない分だけお求めやすい価格
- ▶ 顔を合わせて手から買えるという安心感と味わい
- ▶ 週末に自分だけの個展のような小さなお店が開けるというワクワク感
- ▶ 作品の丁寧な説明が聞ける
- ▶ ほのぼの心の和む気持ちの良い空間や場所

ハンドメイドイベントからのつながり

LESSON 04 効率よく制作するには

販売するためには、ただなんとなくつくればいいわけではありません。
計画をたて、効率的に進めましょう。

商品が並ぶまでの道のり

　販路が決まったら、いよいよ商品開発〜商品制作です。行き当たりばったりで作ってもいいものは生まれません。限りある時間のなかで、いかに効率よくつくるかがポイントになります。
　以下のような流れを意識し、進めるとよいでしょう。

▶ラインナップを決める

　出展予定のイベントやWebサイト上で、どのような展開をしたいかを考えましょう。ブランドコンセプトのほかに、軸となるテーマをひとつ決めておくといいですね(イベントによってはテーマが決まっている場合もあります)。
　そのテーマに合わせて、ブランドの商品構成の中からどの商品を持っていくかを検討します。P.75にあるように、出展時のイメージをスケッチすると考えやすくなります。

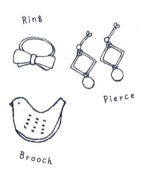

▶新商品案を頭の中でプランニングする

　ラインナップが決まったら、商品デザインについて検討します。スケッチしたり言葉でイメージを書きだしたりして、どんなものをつくりたいのかまとめていきます。このとき、何度もコンセプトボード(→P.57)と見比べて、ブランドのコンセプトとずれていないかチェックしましょう。デザインだけでなく、素材やコストも試算して満足いくラインを探します。

▶▶▶ 制作と販売について考えよう

PART.3

▶サンプルをつくる

　手を動かしてイメージを具体的に形にしていく作業です。実際の形状になったときの使いやすさ、大きさや重さや手触りなどを確認しましょう。

　また、制作時間の手間のかかり方とコストも確認し、販売価格を決めます（→P.92）。この作業中にいろいろなアイディアが加わることもあります。

▶サンプルを並べて脳内で会議を開く

　価格や彩り、並べてみたときのインパクトなどを加味して、商品化するものを決めます。

▶制作作業

　目標数を目指しひたすら手を動かしましょう。サンプルづくりのときと同様に、何個つくるのにどのくらいの時間がかかったかなどをメモしておくと、次回の制作時に役立ちます。

新商品案がなかなか浮かばないときは？

DOTMELTさんの場合

　自分がほしいなとかあったらいいなと思うものをノートに、書き出します。そうすると頭の中が整理できます。素材からイメージがわくことも多いので、お店に生地や素材を見に行ったり、試作品をつくったりしてイメージを広げていきます。あとは書店で気になる本や雑誌に、ジャンル問わず目を通したり、映画を観たりします。それまで注目していなかったことにも気づかされ、インスピレーションを受けることがあります。

Nanami's Advice

まわりにある雑誌、ネットから情報収集するとインスピレーションがわきやすくなりますよ。

081

LESSON 05 作家さんのおすすめ愛用グッズ紹介

作業効率がアップする機能性抜群の、作家さんお気に入りグッズをご紹介いたします。
お気に入りを見つけて制作をサポートしてもらいましょう。

優れものアイテム

　限られた時間のなかで、制作を効率よくするには工夫も大切です。作家さんが実際に愛用しているお気に入りグッズをここで紹介します。参考にしてみてください。

▶やがわまきさん

角丸パンチ
カードに丸みをつけて、優しいイメージを加えたいときに。

ハトメパンチ
しおりにリボンを付ける際、補強とアクセントになる。穴空けとパンチが1つで出来るタイプが便利。

▶kiNNOiさん

はさみとネンドベラ
樹脂粘土で原型を作る際に使用する。薄く伸ばしたものを、はさみで切って整えたりもする。細かな作業をするのに、とても便利。

▶ずっこさん

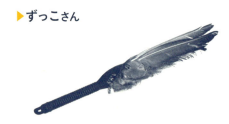

羽ぼうき
消しゴムのカスを払うのはもちろんですが、プラバンの細かい切りカスも綺麗に払えるのでとても便利。

▶▶▶ 制作と販売について考えよう　　PART.3

▶emuuuさん

ホチキス
ホチキスの針が180度回転するので、ノートなどを手作りする際に最適。

ペーパーウェイト
紙を扱うので、風などで飛ばない必須アイテム。

ペーパーカッター
紙をまとめて切ることができるのでとても便利。

3mmパンチ
タグなどの商品で小さい穴を空けられる。

ハンコ
emuuuハンコなどをまとめたBOX。商品を送る際の納品書や手紙などでは、まとめていると使いやすい。

紙コップ
emuuuの顔ハンコを押して可愛くアレンジ。テープや文房具など細かいもの入れとして活用できる。

ラック
ノートやハガキなどバラバラしてしまう紙がとても使いやすく収納される。

▶ littleshop 福士悦子さん

ピンニング器

虫ピンを刺す器具。ギャラリーでの展示で、数が多いと打つのも大変なので、これ1本あると搬入がスムーズに。

カットワークハサミ

細かいパーツを切り抜くのに適したハサミ。小さくて、先が薄く尖っているので、繊細な作業に万能。

ソリッドマーカー

イラスト原画を描くのに使用しているペン。クレヨンのようですが、乾くと画面が汚れないので便利。落書きタッチからデッサン風のイラストまで、幅広い作風に使える。

little shop（リトル ショップ）

イラストレーター/グラフィックデザイナー/ぬいぐるみ作家。
シマリスモチーフの雑貨が可愛い。
http://etsukofukushi.blog38.fc2.com/

▶ ラムネカフェさん

彫刻台

リングを固定させて石を留めるとき、模様を掘るときに使用する道具。小さなアクセサリーの作業には必需品。

▶ abarayamさん

100円ショップのクリアケース

100円ショップの、仕切りがあり中身が見えるクリアケースは、ブローチピン、チェーンなど細かいものを収納。

>>> 制作と販売について考えよう

PART.3

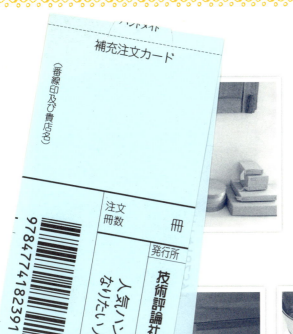

お気に入りの空き箱
文房具、裁縫道具、金具など細かいものをしまっています。

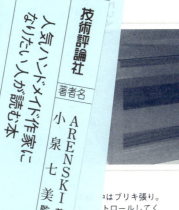

松尾ミユキさんの缶
開封したハーブやお茶を保存。イベントでの試飲用に持っていきます。内蓋付きで、湿気や移り香にも安心。

…はブリキ張り。
トロールしてく
…もの。

フィンランドの針山
お土産に貰ったもので、こんもりとしたフォルムと模様が生き物みたいで可愛い。

aki-k（アキカ）
刺しゅう作家。日々の記憶・思い出・そこから生まれる感情を刺繍にし織り交ぜ製作。
〔Web〕http://www.aki-k.com/

Nanami's Advice

まずは、あらゆるものを試してみてください。あなたに合った優れものに出会えるはずです！

085

LESSON 06 在庫管理で利益UP！

無駄のない材料、生産数などの管理をスムーズにすることで利益も伸びてくるはずです。
きちんと管理しましょう。

商品リストをつくり、在庫管理をする

　販売を続けるには、新たな材料を購入し、作品をつくる、そして販売するというこの流れをいかにスムーズにできるかが大切です。思ったように売れず、売上のなかから新たな作品をつくる材料を購入する費用が生まれてこなければ、活動を続けていくことができなくなってしまいます。材料費は少しでも安く購入できるよう常に意識しましょう。

　もうひとつ大切なのが、商品リストを作成し、在庫管理をすることです。商品のラインナップに番号をつけてリスト化するだけでOKです。手書きのノートでもいいですし、Excelなどの表計算ソフトなどでデータ化しておくのもいいですね。品番、商品名、材料費、販売価格、発売開始時期の日付、在庫数をまとめてすぐにわかるようにしておきます。材料費の内訳も、品名、品番、価格、購入先、交通費や送料、注文の際の条件など、かかる費用なども記載しておきましょう。まさにミニメーカーのようですね。

　また、作品が売れて売上があったときの"売り消し帳"もつけておくといいです。お店の台帳のように、日付けと何が何個売れたのか、それぞれをわかりやすく記録しておくと売れ筋の商品がすぐにわかり、材料仕入れの予測の際に役立ちます。どのくらいの期間、時期でいくつ商品が売れているのかが見えてくると、どの商品を定番化し、いつも販売できるように在庫数をいくつくらい持っておくのがベストか、といった計画も立てることができます。毎回新しい商品を1つずつつくるよりも、同じ作品をいくつもつくるほうが、仕様を考えている企画時間が短縮でき、短い時間で安定した売上が期待できます。とはいえ、それだけだと作家側にもお客さま側も"いつも同じ"という感覚になってしまいますから、新鮮さと楽しさをもたらす新作も必要です。定番商品をつくりつつ、新作の企画も進め効率良く適正な数をストックしましょう。

　こうした日々の管理とチェックにより、制作がスムーズになると、利益も伸びるようになります。在庫管理は、自分の目で実感できる大切なものです。無駄をなくすためにもぜひ作成しておきましょう。

▶▶▶ 制作と販売について考えよう PART.3

商品リストをつくる

- 品名、品番
- 材料費 ········
- 販売価格
- 発売開始時期の日付
- 在庫数

〈 内訳 〉
- 品名、品番
- 価格
- 購入先、交通費、送料
- 注文の際の条件など

商品リスト

品番	商品名	カラー	販売価格	在庫	材料費	売上
A-01	ビーズブレスレット	ピンク	2500円	3	600円／m23／A店	7月 2個 7
A-02	ビーズブレスレット	ゴールド	2500円	4	600円／m24／A店	月 2個
B-01	パールネックレス	ホワイト	2700円	3	700円／s13／A店	7月 3個 7
B-02	パールネックレス	イエロー	2700円	5	700円／s16／A店	月 3個
C-01	レースネックレス	ホワイト	3200円	2	880円／345／ネットC社	7月 0個
C-02	レースネックレス	ブルー	3200円	4	880円／345／ネットC社	7月 4個
D-01	ヘアゴム	ピンク	800円	10	160円／k5／ネットC社	7月 6個

チェック ☑ 日付 ☑ 何が何個売れたか

- 人気商品がわかりやすい
- 売れている時期が推測できる

計画的に商品をつくることで、安定した売上に

Nanami's Advice

材料の袋に在庫数や原価を書き込んだりするとわかりやすくスムーズですよ。

087

LESSON 07 失敗しない仕入れのポイント

材料が安いからといって大量に購入したけれど、たくさんあまってしまったという経験はありませんか。
無駄をなくして利益につながる効率のいい仕入れのコツをご紹介します。

仕入れ数も計画的に

　仕入れ方法についても考えてみましょう。仕入れがうまくいくと制作も効率よく進めることができます。
　作品をつくるためには、それぞれ必要な材料を仕入れる必要があります。材料の仕入れは、1つ購入するよりも同じものをたくさん購入するほうが、仕入れ値が安くなる場合があります。お店に行って購入するのか、インターネットで購入するのかで必要な費用も異なります。その材料を購入する際にかかった交通費や送料や手数料なども、価格設定の際に材料費として含まれるので、注意しましょう。
　材料の価格は変わらなくても、何度も仕入れているとその度に必要な交通費や送料がかかってくることになりますので、計画的にまとめて材料を仕入れたほうが効率が良いです。材料の購入先をお店やインターネットで調べて、より良い仕入れ先を見つけることも大切です。また、セールなどお得なときにまとめて購入するなどもポイントです。
　とはいえ、最初から材料を大量購入すると、実物を見てみたらイメージと違った、1つ試作してみてこの素材だと作りにくいことがわかった、などの思わぬ落とし穴にハマることがあります。
　新作を作る場合は最初にサンプルを1つ作りましょう。その過程でどの材料が適していたかをチェックし、また、完成までの時間も試算しておきましょう。材料は無駄が出ないように、できるだけ共有して、紙や布などの取り都合を計算します。

新作の企画を考える→サンプル用に材料を少量注文→試作→量産用に材料を注文

　こうした流れをつくると大失敗を未然に防ぐことができます。

▶▶▶ 制作と販売について考えよう

PART.3

オーダー制にするとより失敗なく仕入れできる

　また、新作の展示会で受注制にするなどの流れをつくることができると、より失敗なく材料費をまとめて購入することができます。受注制であれば、注文数という確実に販売する数量が見えてくるので、どのくらい材料を購入すれば良いのかという見込みが取れます。

　活動歴が浅いと、展示会や個展に足を運んでくれるお客さまも少ないので、なかなかこの形には持っていきにくいと思いますが、そのような場合はイベント、Webサイトなどに出店したときに、オーダー制の商品も受けつけるという形をとることもできます。すぐに購入していただける買いやすい価格の商品と、オーダーを受けてお届けする少しこだわりの素材を使った商品と、ラインを分けておくのも1つの方法です。

スムーズな仕入れの流れ

企画を考える
↓
サンプル品用に材料を少量注文
↓
試作
↓
量産用に材料を注文

Nanami's Advice

計画的に仕入れることでコスト、時間を効率化することができます。

089

LESSON 08 材料の宝探しに問屋街へ

専門店や専門街では、自分の知らなかった便利な道具や新作のヒントに出会えます。
関東中心にオススメのお店を紹介します。

新たな発見を探しに問屋街へ

仕入れ先としておすすめの街・ショップを紹介しましょう。

豊富な道具や材料を見つけながら問屋街を歩くのは、どこか宝探し感覚を味わえます。最初はどこに何があるのか、ちょっと心細くもあるし、お店の人に話しかけるのもドギマギしますよね。何度も足を運んでも、いつも発見がある不思議な街。

また実物を手にとって確かめることもできます。Web通販では確認できない手触りや重み、見たときに感じるインスピレーションも大切に。材料や作品を包むラッピング、ディスプレイ用の店舗用品も探しに専門店や専門街を歩いてみましょう。

オススメの街＆ショップ

▶ **かっぱ橋道具街®**　http://www.kappabashi.or.jp/

飲食店の道具などを扱う東京都台東区の商店街。食べ物系の包装資材が豊富に見つかります。この素材はこんな風に使おうかななどとイメージが膨らむ街。
📍東京都台東区

▶ **菓子厨房道具の川崎商店**　http://www.kwsk.co.jp/

製菓・製パンや、和洋中にかかわらず豊富な品揃え。オリジナルの焼印もオーダーできる。
📍東京都台東区松が谷2-1-1

▶ **業務用食材と包装用品のプロパックかっぱ橋店**　http://www.propack.jp/

業務用食材や食品容器が揃う食品と包装品用品の専門店。
📍関東、関西、中部に複数店舗あり。

▶ **馬嶋屋菓子道具店**　http://majimaya.com/

製菓器具や型など、お菓子作りの道具専門店。
📍東京都台東区西浅草2-5-4

▶ **輸入道具のDr.Goods**　https://www.dr-goods.com/

世界各国から集めた優れた道具と雑貨のお店。
📍東京都台東区西浅草1-4-8

▶ **貴和製作所**　http://www.kiwaseisakujo.jp/shop/

チェーン、スワロフスキー・クリスタルやチェコビーズ、パール、アクセサリーパーツなど多彩な商品が揃う。
📍東京、神奈川、大阪など複数店舗あり。

▶ **east side tokyo**　http://eastsidetokyo.jp/

お花やクラフトなど、多彩な道具が揃う。さまざまなワークショップを毎月開催。
📍東京都台東区蔵前1-5-7

▶ **安田商店**　http://www.cotton-yasuda.com/index.html

東京都荒川区日暮里の生地問屋街で綿や麻などの天然素材を探すなら、こちらのお店も必ず寄りたい。
📍東京都荒川区日暮里に複数店舗あり。

▶ **トマト**　http://www.nippori-tomato.com/

生地と布、洋裁用品の日暮里繊維街の生地屋といったらここ。豊富な品揃え＆お値打ち品が多数。
📍東京都荒川区東日暮里6-44-6

LESSON 09 もう悩まない！価格の決め方

自分の作品に値段をつけるのは難しいですよね。
価格ってどうやって決めればいいの？ そんな悩みにお答えします。

作品に見合った価格をつける

　商品を販売するにあたって、悩まれる方が多いのが価格設定です。お客さまにとって高すぎると購入につながらないし、安すぎても利益が出ない……悩ましいですよね。
　また、お金のことになると、とたんに苦手と思ってしまう方も多いと思います。しかし、ハンドメイド作家として作品を商品として販売していくには、どうしても乗り越えなくてはいけない壁です。しっかりと考えていきましょう。

基本の計算式

　まず、制作にかかった費用を算出しましょう。
　1個あたりの材料費を目安にした場合、商品を作るにあたって使った材料すべての材料費を算出します。たとえば、アクセサリーの、留め具を4つで1袋130円で購入したとしたら、そのうちの1つを作品で使うので、
　130÷4=32.5円。
つまり、32.5円が1つ分の留め具の材料費です。このようにかかったパーツの費用を1つの作品分に割り出して計算していきます。
　材料費が割り出せたら、最低設定価格を計算します。計算式は「材料費の合計×3」です。この3は、販売手数料や利用手数料などの費用を踏まえた上での、制作の利益を単純に3分割した目安です。
　材料費が200円だった場合は、以下のようになります。
　200円×3＝600円／内訳：材料費200円：販売手数料：利益

PART.3 制作と販売について考えよう

　これはあくまで目安であり、1つが1時間で作れるのか、もしくは何日もかかってしまうのかなどの手間や時間も加味して調整します。販売も直接販売で手数料がかからない場合と、お店での販売手数料が4割、5割など割高な場合とではかなり利益も違ってきます。委託販売してもらわず、自分のアトリエなどでの直接販売でしたら、この分はすべて自分の利益になります。そのあたりも考慮して自分が苦しくならず、また自分がお客さまだった場合、いくらなら購入できるかなどを考えて、最終的な価格を決めましょう。

[材料費]

留め具1袋	÷	4つ	=	1つあたり
130円		4		32.5円

[最低設定価格]

材料費	×	利益	=	商品価格	+	手間や時間代
200円		3		600円		

・手間賃がかかる→値段が高くなる→時間を費やすので数を生産できない
・手間賃がかからない→値段が安い→利益が低い
・材料費が高い、入手しづらい材料→値段が高い→利益が高い
・材料費が安い→手間賃がかかる→利益が高い

 その商品によって、価格と利益のバランスが取れるような価格設定に

価格設定例

商品名	カラー	材料費	材料費×3 (最低設定価格)	手間賃	委託手数料 30%	取り分 (利益)	販売価格
ビーズブレスレット	ピンク	600円	1800円		540円	660円	1800円
ビーズブレスレット	ゴールド	600円	1800円		540円	660円	1800円
パールネックレス	ホワイト	600円	1800円	+1700円	1050円	1850円	3500円
パールネックレス	イエロー	600円	1800円	+1700円	1050円	1850円	3500円
レースネックレス	ホワイト	800円	2400円	+1600円	1200円	2000円	4000円
レースネックレス	ブルー	800円	2400円	+1600円	1200円	2000円	4000円
ヘアゴム	ピンク	160円	480円		144円	176円	480円

赤字にならないように、利益を得ましょう！

利益＝販売価格－委託手数料－材料費

最低設定価格（材料費×3）だと、手間的に足りないと思ったら販売価格を見直しましょう。

LESSON 10 販売するための必要な届出と手続き

いよいよ販売の準備です！業種によっては、販売許可を
必ず取らないといけないこともありますのでチェックしてくださいね。

販売するものによって必要な届出は変わる

　作品を販売するためには、届出と手続きが必要になります。仕事にしたい方は忘れずに提出しましょう。販売するものによって異なりますのでチェックしてみてくださいね。

　まず、どのアイテムを販売するのでも必要な届出としては、税務署に提出する「個人事業主の開業届出書」と「確定申告」があります。「個人事業主の開業届書」は、原則としては、開業したら1ヶ月以内に提出します。届出の書類は、税務署で入手することができますが、国税庁のホームページからもダウンロードすることができます。

　確定申告は、税金を納付または還付するために、その年の収入や控除についての書類を毎年翌年の3月15日までに税務署に提出します。

　また、申告には「白色申告」「青色申告」があります。帳簿の付け方も異なります。青色申告は、帳簿なども記帳していくことが必要になります。白色に比べると手続きが複雑ですが、特別免除や優遇などを受けられるので節税になります。青色申告をするには、まずは届出が必要です。詳しくはホームページなどを見て調べましょう。

業種によって必要な届出の例

▶ **食品の製造・販売**
食品衛生取り扱い許可書を保健所へ提出
必要な免許：食品衛生責任者

Nanami's Advice

個人事業主の開業届を出すことで、職業として公式に認められますのでモチベーションが上がりますね

▶ パンやお菓子の製造・販売

菓子製造許可書を保健所へ提出

▶ 化粧品の製造・販売

化粧品製造業許可申請書を都道府県庁へ提出

化粧品製造販売業許可申請書を都道府県庁へ提出

　業種・都道府県・年度によって必要な届出が異なります。例えば食品やお菓子の製造販売をする場合は、まずは保健所への事前相談です。個々の活動に沿った必要な届出と免許をしっかり確認して活動しましょう。

個人事業主の開業届出書

提出時期：開業して1ヶ月以内に提出

メリット
- 取引先やお客様に対しても、正規の手続きを行っていることの証明になる
- 売上から経費を引いた所得が、290万円を超えないと事業税は発生しない。事業税においては、所得税のように青色申告特別控除の適用はない。その代わりに「事業主控除」という制度がある。所得から年290万円を控除する仕組みとなっており、青色申告特別控除（最高65万円又は10万円）よりも控除額が多くなる。

確定申告

提出時期：毎年翌年の3月15日までに税務署に提出

メリット
- 【青色申告】
- 特別控除の適用がある（最高65万円又は10万円）
- 青色事業専従者給与…配偶者などの親族に支給する給与を必要経費とすることができる。
- 貸倒引当金…売掛金や貸付金に対して一定割合の貸倒引当金を必要経費とすることができる。
- 純損失の繰越…事業から生じた赤字を3年間繰越すことができる。

LESSON 11 ハンドメイドイベントに出展してみよう

商品がストックできたら、お客さまの反応を見るためにもイベントに出展しましょう。
新たな気づきがあるはずです。

可能性を信じてアクションを起こす

　商品の準備ができたら、勇気を出してハンドメイドイベントに出展してみましょう。お客さまに直接会って販売することは、ブランドを広げる一歩です。自分の住まいの界隈で、何かイベントが定期的に行われていないか、参加者を募集していないかチェックしてみましょう。次ページの一覧も参考にしてみてください。

　じっくりながめて自分のブランドに合いそうなものや、出てみたいと思ったインスピレーションを大切にしましょう。気になるイベントが見つかったら募集要項に目を通し、イベントの開催日時や規模、出展料、ブースのサイズ、参加ジャンル、審査の有無、募集の締切日などの条件を確認して必要事項を記載の上、募集の規約に沿った方法で申し込みましょう。

　審査があるイベントなどでは、一定のクオリティやイベントでのテーマに沿ったセレクトがされます。最初は、ハードルを感じるかもしれませんが、臆さずトライしてみるといいと思います。作品の雰囲気が伝わる写真や、日頃の活動をSNSに写真とともにアップしてあると、ブランドの持つ世界観がよりイベント主催者側にも伝わりやすいので、もし可能であれば用意しておくといいでしょう。

　イベントに頻繁に出展していると、当然ながら認知され知名度が上がっていきます。定期的にどこかで販売する場があるということは、作家にとってもコンスタントに作品を制作するということにつながり、自然と腕も磨かれていきます。また、イベントに参加して経験を積んでいくことで、ブースの作り方やディスプレイのコツもわかるようになり、自分の目が鍛えられていくのを実感するでしょう。

　イベントで直接販売、接客すると、お客さまの声や反応がダイレクトに感じられて新たな気づきを得られると思います。その反面、課題や改善点も見つかると思います。ぜひそれらを自分のものにして、次のイベントにつなげていけるようにしましょう。

▶▶▶ 制作と販売について考えよう

PART.3

イベント出展レポート

ブースのイメージやラインナップ、ディスプレイなど具体的に、イメージをノートに書き出してみましょう。

helg

素朴でシンプルな北欧テイスト。どこかほっとする休日のような気分になり、北欧の風を感じるようなブランド。

こんな人に買ってもらいたい
- オーガニックコットンなど天然素材を使っているので、素材の暖かさ、肌触りなどこだわる方に

商品ラインナップ

【手軽に買いやすいもの】
コースター／4種類20点ずつ
ハンカチ／3種類20点ずつ
ポーチ／2種類15点ずつ

【1点もの】
ブローチ／10点
バレッタ／10点
ヘアゴム／10点
バッグ／5点

名刺入れ／10点
ブックカバー／2種類10点ずつ
しおり／10点

ディスプレイ

⬇ 手前の場所に置き 手に取りやすいように

⬇ 1つひとつ刺繍の柄が違う。特別感出るようガラスのショーケースに

⬇ イメージしやすいように、本や中身を入れて見せる

たくさん並べず空間を活かすようにディスプレイ

黒板

フラッグ
ブランドカラーのネイビーが惹きたつように、机は白い木の机を用意

糸で作ったボンボン

紙袋につけるタグ
ロゴはハンコで

紙のプライスタグ
ロゴはハンコで値段は手描き

釣り銭箱
お気に入りの北欧の絵本のイラストの缶に

売上

ハンカチ　正 正 正 正
ポーチ　　正 正
ブローチ　正 正 正 正 正 ← 人気NO.1!
ブックカバー　正 正

【反応】
- ブックカバーとしおりを一緒に買ってくださる人が多かった。
- 花柄があまり売れなかった

THEME 12 全国の人気ハンドメイドイベント

あなたのお住まいの近くでもハンドメイドイベントが開かれているかもしれません。
それぞれのイベントの特徴、出ている方を調べてみましょう。

イベントの空気感に触れてみよう

　全国では、たくさんの"ハンドメイドイベント"が開催されています。ここでは、人気のあるハンドメイドイベントをいくつかご紹介します。まず実際に行ってみて、見て感じて触れてきましょう。
　まずはお散歩がてら市場調査のつもりで、足を運んでみてください。
　開催スケジュールと出展お申し込み方法はサイトをチェックしてくださいね。

人気のハンドメイドイベント

▶ **雑司ヶ谷 手創り市**　http://www.tezukuriichi.com/home.html

東京都豊島区池袋にある鬼子母神・大鳥神社で毎月開催されています。
都内で最も大きな規模をもち、個性派の作家さんも多く出展していて、ファンも多いです。
📍東京都豊島区雑司が谷3-15-20　雑司ケ谷 鬼子母神堂

▶ **&SCENE 手創り市**　http://www.andscene.jp/

東京都文京区にある養源寺で偶数月開催されています。毎回テーマを設けた企画エリアがあったり、ワークショップがあったりと新鮮な魅力を放っています。
📍東京都文京区千駄木5-38-3　養源寺

制作と販売について考えよう

▶ **青空個展 手づくり市**　http://www.aozorakoten.com/

代々木八幡や池袋、下北沢、根津など都内近郊で毎週土日に開催されています。
キッズ向けワークショップを開催したり家族で行っても楽しめます。

▶ **テラデマルシェ**　http://terademarche.jimdo.com/

年に数回、上野のお寺を借りて開催されています。本堂やお寺の室内を借りて行われるため、手づくり市としてはめずらしく雨天も決行しています。また、什器もお寺からテーブル、座布団、椅子等を借りられます。
📍東京都台東区東上野4-1-12　宋雲院

▶ **あかぎマルシェ**　http://marche.akagi-jinja.jp/

神楽坂・赤城神社で毎月開催されています。
伝統とモダンが融合した場所で、懐かしいもの新しいものが出展されています。
📍東京都新宿区赤城元町1-10　赤城神社

▶ **深大寺手作り市**　http://tedukuriiti.Web.fc2.com/

東京都調布市の深大寺で開催され、気持ちの良い境内でほのぼのとした空気がたたずみ、
人と人との繋がり、地域の情熱が感じられるイベント。
📍東京都調布市深大寺元町5-15-1

▶ **布多天神社つくる市**　http://tedukuriiti.Web.fc2.com/

深大寺手作り市の主催が開催する系列市。
📍東京都調布市調布ケ丘1-8-1

▶ イチカワチクチクカタカタワイワイ市　http://www.ichikawatezukuri.com/

毎年春と秋年2回の開催　約60店舗が出展。作家さん、お客さまが一体となって作り上げる
楽しい手づくり市です。
📍千葉県市川市市川南1丁目1-1　タワーズイースト1F　JR通路側

▶ やわたマルシェ　http://www.ichikawatezukuri.com/

毎年9月に市川市八幡を元気にしようと開催される回遊展in八幡のイベント。
神社の境内に人気の作家さんが集合します。
📍千葉県市川市八幡4-2-1　葛飾八幡宮境内

▶ 町屋てとてと市　http://www.ichikawatezukuri.com/

荒川区にある町屋にて毎年6月末に行われています。年々出展数もお客さまも増えている
下町の温かい手づくり市です。
📍東京都荒川区荒川7-50-9　ムーブ町屋4F

▶ ARTS＆CRAFT 静岡手創り市　http://www.shizuoka-tezukuriichi.com/

静岡県静岡市にある「靜岡縣護國神社」にて年2回春と秋に開催され、ものづくりを生業とする作家さんが
参加するクラフトフェアとなっています。
📍静岡県静岡市葵区柚木366番地　靜岡縣護國神社

▶ 百万遍 手作り市　http://www.tedukuri-ichi.com/

京都の百萬遍知恩寺で毎月15日に開催され、青空の下で約450店舗が並びます。
📍京都府京都市 左京区田中門前町知恩寺境内

▶ **アート&てづくりバザール**　http://www.tv-osaka.co.jp/event/makingbazaar/

関西最大級の屋内型アート&ハンドメイドイベントで約1,000店舗が並びます。
毎年大阪で3回、神戸で1回開催。
📍 大阪府大阪市住之江区南港北2-1-10　大阪南港ATCホール
📍 兵庫県神戸市中央区港島中町6-11-1　神戸国際展示場3号館

▶ **フィールド オブ クラフト倉敷**　http://field-of-craft.com/

来年で12回目となる、「掌から生まれるかたち」をテーマにしているイベントです。
📍 岡山県倉敷市芸文館前広場

お店やギャラリーで開催されるハンドメイドイベント

▶ **MOUNT MARKET（マウント マーケット）**　https://mount.co.jp/

MOUNTが主催するCreative Space 890（ハチキュウゼロ）にて、
すべての人のクリエイティブな活動を応援するクリエイターズマーケットです。
📍 東京都目黒区八雲2-5-10

▶ **COTTAGE（コテージ）**　http://www.cottage-keibunsha.com/

京都にある恵文社一乗寺店がプロデュースする新しい「場」の
かたちです。マルシェやワークショップやトークイベント、
ライブなど楽しい個性あるイベントが開催されています。
📍 京都府京都市左京区一乗寺払殿町10

Nanami's Advice

全国でさまざまなイベントが開催されています。地域によっても特徴が違い、いろいろ足を運ぶのも刺激になりますよ。

THEME 13 ギャラリー・レンタルスペースで作品を展示する

お客さまとの距離も近いので、より楽しくそしてより素敵な時間が過ごせるはず。
自分にぴったりくる活動の場を探してみましょう。

個性あふれるギャラリーで自分の作品を展示しよう

　たくさんの人で賑わうイベントも楽しいけれど、落ち着いて作品を見たいという方には、若干不向きです。そこで、スペースを借りて個展を開いたり、アトリエを期間限定でオープンアトリエとして解放したり、イベントとは別に、商品を展示する場をつくってみましょう。自分たちで作る市は、もう少し小さな発表会のような感覚で、お客さまとの距離も近いのが特徴。あなたもぜひ、気の会う仲間達と開催してみてくださいね。

主な開催場所

▶カフェ、ギャラリーを借りて個展を開く

　とにかく作品をみてもらいたい! ブランドを人に知ってもらいたい! というときにはとてもよい方法です。店内の一部をギャラリーとして貸し出しているカフェも多く、利用料金もギャラリーよりも手の届きやすい価格です。

▶ギャラリーを借りてグループ展を開く

　気の合う作家同士で集まると、より自分たちのブランドの雰囲気が出せます。数人で集まればギャラリーの利用費用も手が届きやすいメリットも。

▶自分のアトリエでの開催

　自宅や仕事部屋を思い切って公開します。ファンにとってはとてもうれしい機会となります。とはいえ自宅開催では、多くの人が集まるには制限があります。近隣の迷惑や苦情にならないよう気配り、公開する場所とプライベートの区分け、自宅のセキュリティ面をしっかりする必要があります。

▶▶▶ 制作と販売について考えよう　PART.3

おすすめギャラリー

▶ **SALAD BOWL（サラダボウル）**　http://salad-bowl.info/

真っ白な空間はまるで映画の「かもめ食堂」のようです。レンタルできる机や椅子もシンプルでおしゃれ、創造力をかきかてられる空間。
📍東京都世田谷区瀬田4-29-11 833ビル

▶ **cafe&gallery HATTIFNATT（カフェ・ギャラリー ハティフナット）**　http://www.hattifnatt.jp/

木のぬくもり溢れる絵本の中のお家のようなカフェ＆ギャラリーです。
📍高円寺店　東京都杉並区高円寺北2-18-10
📍吉祥寺店　東京都武蔵野市吉祥寺南町2-22-1

▶ **自由帳ギャラリー**　http://jiyucho-koenj.jugem.jp/

ガラス張りの大きな窓と扉が印象的で光が差し込み、人通りが多く暖かな空間です。
📍東京都杉並区高円寺北2-18-11

▶ **AMULET（アミュレット）**　http://amulet.ocnk.net/

押上にある古い一軒家。ハンドメイド作品と手芸の素材が豊富です。
📍東京都墨田区業平5-7-2

▶ **gallery cadocco（ギャラリーカドッコ）**　http://cadocco.jimdo.com/

小さなお庭付きの小さなかわいいお家のようなギャラリー。毎月、魅力的な展示がひしめいています。
📍東京都杉並区西荻北3-8-9

▶ **Gallery Conceal Shibuya（ギャラリー コンシール シブヤ）**
http://galleryconceal.wix.com/gconceal/

渋谷の駅から徒歩3分、雑居ビルの一角にひっそりと佇むアートスペース。さまざまなジャンルの展示に加えて、音楽ライブからトークショーなど、ハンドメイドワークショップやスクールなども定期的に開催されています。
📍東京都渋谷区道玄坂1-11-3 第一富士商事ビル4F

Nanami's Advice

イベントとはまた違った雰囲気を楽しんでみてください。

LESSON 14 ハンドメイドマーケットで販売してみよう

天候やギャラリーの休館日に左右されない、ハンドメイドマーケットでも販売してみましょう。
ここでは、出品するにあたり大切なポイントをお話しします。

トラブルには注意しよう

"ハンドメイドマーケット"と呼ばれる、インターネットを利用して取引する市場にも出品してみましょう。天候やギャラリーの休館日に左右されないので、イベントと併用してみるのもいいでしょう。

ハンドメイドマーケットは、在庫を持たずに1点からでも出品できるのでとってもお手軽。どんな商品が売れているか、まず自分の作品がなにが反応がいいのか、マーケティングに使うのも良いでしょう。

出店方法やルールは、各サイトによって異なるので、各サイトのガイドを参照してください。

ハンドメイドマーケットは、手続きはお手軽な反面、委託料がかかる、写真撮影や発送の手間がかかるので慣れないと対応に追われることがある……といったデメリットがあります。また、イベントとは異なり、直接お客さまに会って説明できないため、以下のような点に注意して販売する必要があります。

▶商品説明をしっかりと

写真を見て興味を持ってもらえたら、必ず見るのが説明文です。サイズ、色味、デザイン、質感など詳細に明記すること。使うシチュエーションも入れましょう。また、送料、発送日、取り扱い注意点などもトラブルを減らすために細かく明記しましょう。

▶魅力的な写真を撮る

たくさんの作品が出品されるなか、まず写真に目を惹くことが大切です。バッグ、洋服などサイズ感がわかるように、着用するようにしましょう。最近は、携帯のアプリなどで写真の加工も簡単にできます。雰囲気のある写真に魅せることは良いことですが、実物と色味の差が出るとトラブルの原因になるので注意しましょう。

▶プロフィールでブランドをアピール

　作家プロフィール欄も、ブランド名、HPのURLだけではなく、人柄、作風が伝わるように工夫しましょう。活動の写真や日常がわかるTwitter、InstagramのURLを載せてみてもGood。これからどんな作品をつくっていきたいか、作品への想いも載せてみるのもいいでしょう。

▶検索にかかりやすいワードを入れる

　たくさんの作品が出品されライバルが多いです。なるべく検索でヒットしやすいように、説明文に季節のもの、流行のもの、目を惹くワードなどを入れましょう。

▶クレームなどトラブルに注意する

　実際に商品を手に取れないので、届いてみてイメージと違ったというクレームに注意しましょう。事前に汚れなどのデメリットや注意点を明確に書くのが大切です。

▶メッセージでの質問には丁寧に

　直接の会話はできませんが、メッセージでの質問などお客さまとのやり取りする際は、わかりやすく丁寧に返信しましょう。

▶ラッピングメッセージなど心配りを

　商品が売れ、発送する際は、ラッピングも工夫しましょう（→P.151）。一言添えたメッセージもつけると、印象がよくなります。発送時に、商品が壊れないように梱包することも忘れずに。

Nanami's Advice

作家の顔が見えない、直接商品が手に取れないので、トラブルなど慎重に。

COLUMN.2
ハンドメイドイベントに参加するための
ルールとマナー

　出展方法などは、Webサイトに記載されているため、こまめにチェックしましょう。申し込みもメールで応募のところが多いですが、必要事項を記載して書類にして郵送というところもあります。なかには、イベント時に次回の申し込み受付をしているところもありますので、訪れた際にスタッフや受付の方に問い合わせてみましょう。

　規約には、開催日程、申し込み締切日の確認と趣旨や禁止時項などが書かれています。一度目を通して、問題がなければ申し込みましょう。

　会場にもよりますが、必要な机や敷物、椅子などディスプレイに必要な什器は自分で持ち込みます。お客さまがお買い物をしてくれた際に、必要なお釣りの用意や商品を包むラッピング袋なども必要に応じて用意しておきましょう。商品の価格がわかりやすいように値札の添付やポップなども、わかりやすく見やすいように表示しましょう。

　会場では、関わってくださっているスタッフの方や、会場を貸し出しているお寺などのスペースの方への、感謝の気持ちをこめて挨拶を忘れずにしましょう。

　搬入出の際に、ゴミなど出た場合は持ち帰りましょう。

　また雑貨以外に食品の販売をしたい場合は、販売するものによって営業許可証の確認が必要となってきます。自分が販売したい商品と販売の許可の確認をしましょう。

　食品の場合は、保健所の許可が必要になります。パン、焼き菓子、ジャム、チョコレートなどは、営業許可証の提示が必要です。

　製品パッケージへの名前・賞味期限・TEL・住所・原材料名表示もお忘れなく。

　細かな規約は、場所によりそれぞれ異なるので申し込み要項を確認しましょう。

PART 4

ちょっとした工夫で差がつく

知名度アップを目指そう

制作と販売の準備の流れがわかったら、この章では次のステップである
セルフプロデュースについて考えてみましょう。

01 はじめは誰でも無名！ 固定ファンを増やすには
02 ホームページ・ブログをつくろう
03 SNSをうまく活用してコミュニケーションをとろう
04 YouTubeでプロモーションする
05 自分のライフスタイルを公開してみる
06 ショップ売り込みの心がけとポイント
07 DMを活用して情報を発信する
08 ZINEをつくってみよう
09 メディアに掲載される秘訣

LESSON 01 はじめは誰でも無名！固定ファンを増やすには

長く自分のブランドを愛され継続していくには、ファンが必要です。
ここでは、ファンを増やすためのセルフプロデュースについて考えていきましょう。

選ばれるブランドが勝つ

　自分のブランドがいかにオリジナリティにあふれていても、同じジャンル、似た作品はどんどん出てきて、そのなかに埋もれてしまいます。また、世の中には、ハンドメイド作品以外の量産品があふれています。値段や用途のマッチングだけで購入するのであれば、ハンドメイド作品である必要はありません。なんとなく必要なものをなんとなく購入し、またなんとなく他へ流れていってしまいます。

　そんななかで、量産品、他ブランドに埋もれないためには、あなたの作品に共感し、「ほしい！」と思ってくれるファンが必要です。ひいては、「次の作品もほしい」「○○を買うときはここで」と選んでくれる固定ファンの存在が欠かせません。

　ファンを増やし、ファンの心をつかみつづけるために重要なのが、ブランドのアピールです。ただ待っているだけでは作品は見つけてもらえません。自分のブランドをアピールできるのは自分だけです。セルフプロモーション＆セルフプロデュースをきちんと行い、多方面にどんどんブランドを売り出していきましょう。

最初はできるところからでOK

　「アピール」といっても、何をすればいいのかわからない、人前に出るのは苦手だけど大丈夫？……などと、不安に思われる方も多いかもしれません。でも、大丈夫です。プロモーションにはさまざまな方法があります。前章のハンドメイドイベント、ECサイトへの出店や、個展開催も販路を兼ねたアピールの場です。この章では、そのほかに、SNSの解説やショップへの売り込み方法など、代表的な手法をいくつかご紹介していきます。それぞれにメリットがあり、人それぞれに適している点が違います。

時間の制約がある方もいらっしゃるでしょうし、いきなりすべてやろうと意気込むことはありません。スケジュールを見つめなおしてみて、自分ができそう、続けられそうと思ったところから少しずつチャレンジしてみてください。

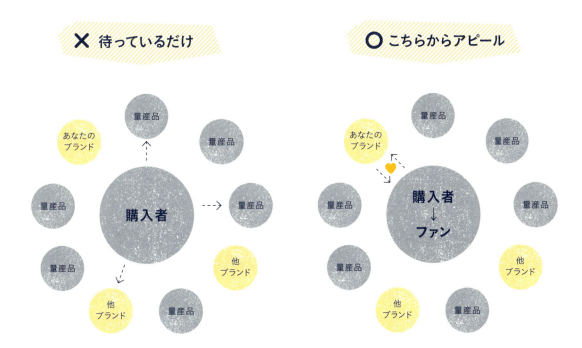

LESSON 02 ホームページ・ブログをつくろう

自分でホームページを作成するなんて無理と思っている人も多いのでは？
お手軽に作成できるサイトを利用して、チャレンジしてみましょう。

オシャレなホームページも簡単に作成できる！

　作家活動をするにあたって、情報発信するためにも、自分のホームページやブログなどを持っておきたいですね。商品を買いたい、どんな作品を作っているか知りたい、どんなイベントに出ているのか知りたい……と、興味を持ってくれるファンがいるかもしれません。また、ブログのランキング、検索ワードによってヒットした、など、ブランドは認知していなくても、たまたまサイトを見て、そこから興味を持ってくれる方もたくさんいます。

　最近はいろいろなホームページ作成サービスがあり、専門的な知識がなくても、テンプレートを選ぶだけでかんたんにホームページがつくれるようになっています。パソコンとネット環境さえ整っていれば、気軽にはじめられます。ぜひ挑戦してみましょう。

おすすめホームページ作成サイト

▶ **Ameba Ownd（アメーバ オウンド）**
https://www.amebaownd.com/

無料でオシャレなホームページやブログをかんたんに作成できる。ネットショップの連携もかんたん。

▶ **WordPress(ワードプレス)**
https://ja.wordpress.com/

無料でホームページやブログをかんたんに作成できる。テンプレートも豊富。

▶ **プチ・ホームページ サービス**
http://www.petit.cc/

シンプルなホームページをかんたんに作成できる。紙や布、木目など温もりある素材のテンプレートが豊富。月額500円(税抜)で作成できる。

▶ **BASE(ベイス)**
https://thebase.in/

無料で初心者にもかんたんにネットショップを作成できる。テンプレートが豊富。

▶ **STORES.jp(ストアーズ・ドット・ジェーピー)**
https://stores.jp/

初心者でもかんたんにネットショップを作成できる。メルマガ発行や、クーポン発行のオプションもある。

LESSON 03 SNSをうまく活用してコミュニケーションをとろう

自分の作品や活動をどうやって広めたらいいのでしょうか。
さまざまなネットツールを活用して、たくさんの人に知ってもらいましょう。

お客さまとの新たな出会いの可能性も

　ホームページやブログのほかに、作品や活動を多くの人に知ってもらうために有効なのが、ソーシャル・ネットワーキング・サービス（SNS）と呼ばれる、誰もが自由に使える情報発信ツールです。
　SNSは、セルフブランディングには欠かせません。Twitter、Facebook、Instagram、YouTubeなど多くの種類があります。それぞれに特徴があるので、自分に合ったものを選んで使いましょう。
　そのなかでも特におすすめなのは、Twitterです。操作も簡単で旬な情報を発信することができ、知りたい情報を素早くキャッチできます。1回の投稿につき140文字以内という制限があり、ブログよりも気軽に更新しやすいのもポイントです。
　新作情報、イベント情報、制作過程の写真、自分の興味をもったことなどを投稿します。ブログ、ホームページと連動させて、更新したことが一目でわかるようにしておきましょう。投稿するときは、写真を一緒に掲載したほうが、よりイメージが伝わりやすくなります。飼っている猫のなにげない写真を投稿するのでもいいです。
　また、ツイートに#（ハッシュタグ）[※1]をつけてアップすれば、同じ話題に興味のある人と出会いも高まります。ブランドのことを知らない人でも、検索ワードから見て興味を持ってくれることもあるからです。1ツイートには1、2個のハッシュタグがほどよいと言われています。
　お客さんの層によっても見る時間帯も違ってきますので、探ってみましょう。そして見てくれるフォロワー[※2]にとって、有益なものになるような投稿をしていきましょう。意識していくとおのずとフォロワーが

※1　「#○○」と入れて投稿すると、検索画面などでそのワードが一覧できるようになり、同じ興味を持つ人が閲覧しやすくなる。
　　 ツイートにカテゴリをつけて検索しやすくするための機能
※2　そのユーザーのことをフォローしていること。フォローすることにより、タイムラインに表示される。

増えていきます。友人の活動や有益な情報は、どんどんシェアし合ってつながりを広げていきましょう。

SNSのつながり

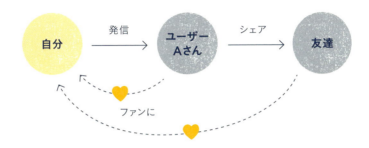

SNSツール紹介

▶Twitter(ツイッター)

「つぶやき」と表現されるように、リアルタイムの情報を短いフレーズで次々に投稿していく。投稿できる文字数は最大140文字に制限。ユーザー数は世界3億700万人以上。

▶Instagram(インスタグラム)

画像を手軽に加工して共有できるアプリケーション。ユーザー数は1億5000万人以上。

▶Tumblr(タンブラー)

画像やテキスト、動画、音声、Web上の記事引用、リンクなどを投稿できる。ミニブログのような感じ。記事を自身のブログにて引用・転載する機能があり、「ネット上のスクラップブック」として非常に人気が高い。

▶YouTube(ユーチューブ)

世界最大の動画共有サービス。投稿できるのは自身が著作権を保有しているか、権利者が公開を許諾している動画データのみなので注意を。

LESSON 04 YouTubeでプロモーションする

動画によるプロモーションは、今とても注目されています。誰でも見れて、イメージが伝わりやすい。
メリットを理解し、うまく活用して、たくさんの人とつながっていきましょう。

動画サイトの枠を越えた最大の交流メディア

　YouTubeは、投稿無料で、全世界誰でもネット環境があれば見ることができます。ハンドメイド作家さんたちも、個展やイベントの告知、作業風景、ワークショップへの導入として作り方を動画で公開……などなど、YouTubeを利用する方が増えてきています。以下のようなメリットもあります。ぜひ臆せずチャレンジしてみてくださいね。

▶**他の動画サイトに比べて、圧倒的にリンクがしやすく、SNS等で告知がしやすい**
　YouTube動画がそのまま埋め込めるので、SNSとの共有が簡単で、拡散しやすいです。

▶**動画にすることで、視覚、音、動作などでより世界観を表現できる**
　なによりも、見るということは、理解を深めやすいです。内容をわかりやすく短時間に伝達することができるのです。

▶**「再生数」が明確に出る**
　アップロードした動画の再生回数、時間、閲覧したユーザーの属性や評価などをチェックできます。しっかり分析してユーザー動向に合わせた効果的な施策を行えば更なるアクセス数アップが見込めます。

▶**SEOにも有効**
　YouTubeはGoogleのサービスの1つのため、検索エンジンにも非常に強いです。また、ホームページ内にもリンクしアップしておけば、ホームページの観覧数アップにもつながります。

▶▶▶ 知名度アップを目指そう

PART.4

インタビュー

作家さんのプロモーション動画を手がけた映像クリエーター
mojamojajunctionの代表の富田さんにインタビュー!

　もみじ市などの手づくり市や作家さんご本人がYouTubeでプロモーションしているのを時折見かけます。みなさんSNSでその映像を紹介し、上手く宣伝に使っておられるようです。映像を作ることは難しいと思われがちですが、そんなことはありません。

　まずは、携帯の動画からスタートしてもいいと思います。上手や下手は関係ありません。大事なのは「アイデア」です。ハンドメイド作家さんの独自の手法を、上手く映像に落とし込めれば、それが無敵のツールとなって、今後の活動のステップに役に立つのではないでしょうか。ぜひ気軽にチャレンジしてみてください!

映像作品紹介

▶イラストレーターpepeがデザインフェスタに出る際のCM
https://www.youtube.com/watch?v=ooNAjLgreOc/

▶イラストレーターpepeの主催イベント告知映像
https://www.youtube.com/watch?v=_SA_QyddQvE/

▶アニメーショングループ『pepemation』作品
https://www.youtube.com/watch?v=N7kRrPkGeNg/

pepe
イラストレーター〔Web〕http://pepe.pepper.jp

MOJAMOJA JUNCTION

mojamojajunction株式会社(モジャモジャジャンクション)
企業からアーティスト、作家などCM、ライブ映像などを手がける。「日本一お願いしやすい映像制作会社」
を目指し、案件ごとに適したクリエイティブと映像が出来上がるまでの楽しさを共有することを強みとしています。
http://mojamoja.biz　〔ブログ〕http://ameblo.jp/mojamojajunction/

LESSON 05 自分のライフスタイルを公開してみる

自分の日常を公開することで、あなたのファンになってくれる人もいるかもしれません。

日常を公開することであなた自身の魅力も伝わる

　SNSに何をアップしたらいいのかわからないという人は、思い切って自分の日常を公開してみましょう。好きな作家さんのプライベートや考え方を知ることができるのは、ファンにとってとてもよろこばしいことです。あなたの日常風景はブランドのコンセプトとそう遠くないはず。あなた自身の生活感が伝わることで、より共感を生み、ブランドの世界観も広がっていくでしょう。また、作品やブランドを知らなくても、SNSからあなたに興味を持ってくれる方もいらっしゃるかもしれません。あなたに共感してくれたということは、ブランドに対する親和性も高いはずです。

お気に入りの1コマを

　作品ではなく自分を公開することに少し抵抗を感じる方も多いかもしれません。もちろん、プライベートすべてを公開する必要はありません。見られたくない部分、個人情報などはアップしないようにしましょう。「日常」「ライフスタイル」というと漠然としていてイメージがつきにくいかもしれませんが、なんでもいいのです。毎日の朝食、お気に入りのグッズ、制作風景、アトリエの様子、気になった風景、育てている植物、散歩の途中に道端で出会った猫など、どんな切り口でもいいです。自分が好きだな、いいなと思ったもの……その一場面を切り取るように写真に残し、お気に入りの一コマとしてSNSで共有してみてください。カメラのファインダーをとおして、作家としての美意識も磨かれていくでしょう。

▶▶▶ 知名度アップを目指そう

PART.4

card-yaさんの場合

card-ya(カードヤ)
蜜ろうキャンドル作家。自然の恵みでつくられている。〔Web〕http://www.card-ya.org/

　インスタグラムでは、主に制作風景とお家の中の様子と、家族の犬と2匹の猫を投稿しています。フォロワー数も6千人を超えるほどのファンがいらっしゃいます。インテリアとのスタイリングからcard-yaさんの世界感があふれていてとても素敵です。

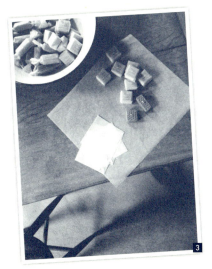

1.大型雑種犬のペットのあらし。 2.茶トラの猫のげんまい
3&4.制作風景

LESSON 06 ショップ売り込みの心がけとポイント

雑貨店やギャラリーに商品を置かせてもらうにはどうしたらいいのでしょうか。
ここでは、コンタクトをとる際のポイントについてまとめます。

大切なのは積極的に動くこと

　恵比寿で雑貨店をしていたころのお話です。店内には素敵な作家さんの作品を並べて販売していたので、「ぜひ自分の作品を置いてほしい」と積極的なアプローチが毎週のように問い合わせがありました。お声がけいただいても、すべての方の作品を置けるようなスペースもなく、お断りしてしまうことが多かったのですが、そんななかで、私がそのときに心動かされたポイントをお伝えします。

　売り込みとは、言い換えると営業活動です。ただ黙々と「創作活動」をしているだけで仕事が来ることはなく、ただの趣味になってしまいます。仕事に結び付けるために、この売り込みを行っている作家さんがほとんどです。憧れている人気店に商品を並べていただけるのは、知名度アップにもつながります。運が良ければ雑誌に掲載される場合もあります。

　まずは、気になったところに、お電話やメールなどしてみましょう。アポイントを取って、お店に直接出向くのもいいと思います。相手にとって迷惑なものと考えるのは損です。「いい作家さんはいないかな?」と常に探しているところもあります。訪問セールスと同様で、作品が魅力的であれば、ニーズは必ずあり、タイミングが合えば受け入れていただけます。

▶▶▶ 知名度アップを目指そう

ポイント

▶まずは自己紹介から

　雑貨店には、毎週のように作品の取り扱い募集や、求人のお問い合わせがきています。メールで一言二言というお問い合わせも多いですが、お店側も誰でもいいから求めているわけではありません。

　メールでも電話でも、まずは、自己紹介をしましょう。見てもらえるのは当たり前だと思わず、失礼がないように気をつけてください。

▶今までの活動の履歴などをわかりやすく記載する

　自己紹介する際は、以下の点もあわせてお伝えするようにしましょう。

- いつから作家活動しているのか
- 取り扱いのあるショップ名
- 参加したことのある手づくり市やイベント名
- ホームページやブログなどのURL

▶写真付きの作品ファイルを送付する

　お会いして作品をお見せするのが一番いいのが、忙しい方だと、なかなか会ってお見せするところまでつながりません。そんなときは、ブランドの概要（コンセプトボード）と、作品についてまとめたファイルをお送りしましょう。メールでも郵送でも、写真は必ずつけるようにしてください。

　当時は、この3点がまとまっていて、ブランドの雰囲気がショップに合っており、そして、この方とお仕事してみたいと思った方に、イベントや販売のお声がけをさせていただいていました。

　参考にしたうえで、ぜひ積極的に売り込みをかけていってみてください。

Nanami's Advice

相手に気持ちが伝わるよう、「丁寧に」を心がけましょう。人柄も伝わるはずです。

LESSON 07 DMを活用して情報を発信する

特定の対象者に直接アプローチできるDMは、ファンとのコミュニケーションのひとつです。
個展やイベントに出展する際、ファンへの感謝の気持ちをこめてDMを出しましょう。

とっておきたくなるようなDMをつくる

　普段通っているジムや百貨店から、セールやイベントのハガキが届いたことはありませんか。この告知として宣伝に使う郵便物をダイレクトメール（DM）といいます。

　DMの最大のメリットは、特定の対象者に直接アプローチできることです。いつもイベントに来ていただくお客さまなど固定のファンに向けて、ダイレクトに情報を発信できます。また、お部屋に飾りたくなるような素敵なデザインのDMは保管しておきたくなりますよね。個展やイベントに出展する際は、Webでの告知とともに、DMを出すとより印象に残ります。また、ただ送るのではなく、感謝の気持ちをこめて出すことが大切です。手描きの一言メッセージを書き添えると喜ばれますよ。

▶準備

　まずは顧客リスト作りからはじめましょう。イベント参加の際などにノートやメモ帳を置いておきましょう。活動のお知らせなど、DMをご希望の方には、送らせていただきますという旨を記載して、顧客リストを作成しましょう。

▶掲載情報

　DMには、最低限でも以下の情報を盛り込みましょう。

- 開催日時
- 開催場所の住所、地図
- 内容を簡潔にわかりやすく

● イラストや写真を使って、テーマや作風のイメージを表現する

　最近では、印刷物も比較的安価で少ない枚数から作成することができます。自宅でのプリントに限らず、印刷会社と併用して楽しみましょう(→P.180)。

▶カフェやギャラリー、雑貨店にDM設置の行動をする

　ギャラリーなどを借りて個展やイベントを開く場合、ギャラリー側にDMを何枚か渡すことが規定となる場合があります。その際は、規定に従った枚数を印刷しましょう。ギャラリー側でも広報してくれますのでとても頼もしいです。

　DMができあがると、自分で行動の輪を広げていくことができます。カフェ、雑貨屋などのレジ周りなどにさまざまなフライヤーが置かれているのをご覧になったことはありませんか。開催地の近くのカフェや店舗をチェックしてDM設置のお願いをしてみましょう。置かせてもらうことができれば、新規のお客さまとの出会いが広がるチャンスになります。

Nanami's Advice

お気に入りのDMを見比べて、イベントのコンセプトはどう表現されているか研究してみましょう。

LESSON 08 ZINEをつくってみよう

たくさんのイラストレーターの方が、出版社や編集部に名刺代わりにZINEを送付しています。
あなたの世界感を詰め込んで、ショップ売り込みにも活用していきましょう。

売り込み時には、名刺代わりに

　以前雑貨店をやっていたときのお話です。売り込みの際、よく作家さんからZINEをいただきました。ZINEとは、かんたんにいうと、自分でつくる冊子、いわゆる同人誌のことです。編集・デザインから紙選び・印刷・製本まで、制約なく自分の好きなものを自由につめこんで表現できるため、名刺やポートフォリオ代わりになり、活用している作家さんも多くいます。最近では、書店のフェアや雑貨店にも置かれていることが多く、ZINEを取り扱うお店も増えてきています。

用途は無限大！

　ZINEに形式はありません。つくりかたもとにかく自由。たとえば、1枚1枚手描きで自分で綴じてもいいですし、データを作成し印刷所に入稿してつくってもOKです。布や変わった紙を組み合わせたりしても面白いですね。
　イベントのDMや作品集、ブランド紹介など、用途はさまざま。自分の好きなことに使えます。特に、売り込みやイベント時の配布物にぴったりです。どんなものを作っていいかわからない、という方は、実際に雑貨店やギャラリーをまわって実物を手にとったり、「MOUNT ZINE」のようなサイトでみなさんがどんなものをつくっているかながめたりして、イメージをふくらませてみましょう。

　難しく考えず、ぜひ自分だけのオリジナルZINEづくりにチャレンジしてみてください。

活用例　イラストレーター大津ゆかりさんの場合

　出版社や街の本屋と関係なく好きなようにつくれるのが魅力です。製本方法も自由で、自分の世界感が伝わりやすく、アイディアも盛り込めます。写真集にしたり、作品をまとめたり、フリーペーパー、絵本……さまざまなことに活用できます。たとえば、イラストに合わせてページごとに紙種を変えてみたり、ミシンで縫って製本してみたり、まるごと1冊自分好みに制作できます。ファイルに入れたポートフォリオもいいけれど、よりイラストの個性を引き立てる演出ができ、自分を100%表現できます。ZINEを通してイラストを覚えていただけたり、コミュニケーションツールとして手軽に使用できます。ぜひ気軽にチャレンジしてみてください。

大津ゆかり
イラストレーター。雑誌オズマガジン、吉川トリコ著「小説現代」、スターバックスタンプラーなど手がける。
http://yukariohtsu.com/

特別インタビュー　イベント開催やZINEショップの運営を行っている MOUNT ZINE代表の櫻井さん

　MOUNT ZINEは誰でも気軽に参加できるZINEプロジェクトです。ジャンルや作家のキャリアを問わず、審査もありません。ZINEに興味を持って作ってみたら、誰でも気軽に展示・販売ができます。全てのZINEを並列に展示し、平等に扱うようにしています。そうすることで、「今の時代の作家の空気感」を感じてもらえると思います。たくさんの方の作品に刺激され、こんな表現の仕方があるのかとに学べることができます。また展示イベントも開催しているのでブランドをアピールするのにも良い機会になるので、ぜひ参加してみてください。

MOUNT ZINE
様々なジャンルのZINEを広く募集し、展示・販売するZINEプロジェクト。
https://zine.mount.co.jp/

MOUNT ZINE SHOP
専門に取り扱うお店「MOUNT ZINE SHOP」には、全国から公募したジン約150冊が並びます。

LESSON 09 メディアに掲載される秘訣

メディアと聞くと、どこに？ 誰に？ 何を？ とわからないことが多いと思います。
ここでは、すぐにでも始められるプレスリリースについて紹介します。

情報を常に発信していこう

　雑誌やWebで、日々さまざまな情報をキャッチすることができる昨今です。あなたの作品やブランドがそこに載る日もそう遠くはないかもしれません。

　プレスリリース[※1]という言葉を聞いたことはありますか？ プレスリリースとは、たとえば、出版社に個展のお知らせなどをメールで発信することです。これを定期的に流しておきましょう。まずはここから情報を流すことが、掲載の確率を上げる近道です。

　プレスリリースは、毎日たくさん送られてくるため、あなたの情報がピックアップされるとは限りません。もしかしたらという期待を込めて送るのであって、反応がすぐなくても全く気にせず、送り続けましょう。いつかきっと目に留めてもらえるときが来るはずです。

▶送付方法

　一般的にはメールやFAXで、個展のお知らせや新作の発表、商品情報などを送ります。メールの場合は、詳細WebページのURLを記載しておきましょう。写真などの情報も盛り込めるため、わかりやすく伝えることができ、記事として取り上げてもらえやすいです。

▶送り先の選定方法

　広報・マスコミハンドブックというものが毎年発売されています。1冊持っておくと、発信先の情報が明記されているので便利です。さまざまなところが載っていますが、より自分の作品やブランドに合ったところへ送ることが大切です。また、愛読している雑誌の編集部やWebサイトにも送りましょう。

※1　マスコミなど媒体社向けに告知する広報的手法。ニュースや記事の材料として使ってくれることを期待し、提示すること。

▶ **プレスリリースづくりのポイント**

以下の5点について意識しながら作成してみましょう。

- イベントや個展、新作発表の商品情報、ショップオープンなどの記事をまとめる
- 期間や商品説明、ブランドや作家のプロフィールについて、わかりやすく要約した内容を明記する
- 必ず連絡先を明記する
- プレス担当者名を明記する
- A4用紙1枚くらいに収める

事前の準備を忘れずに

プレスリリースを送ったら取材対応の準備をしておきましょう。掲載されたときのことを考えて、事前にきちんと仕組みを考えておきます。ポイントは以下です。

- 紹介したい商品の写真や説明の文章をまとめておく
- 記事に取り上げて欲しいことは資料を用意しておく。インタビュー時は、強調して話すことを忘れないようにする
- 連絡先やWebサイトのURLをなるべく掲載してもらう
- 取材してくれた担当者との人間関係を作っておく。次回のプレスリリースの送付は担当者宛にも送るようにする

こうした準備しておくと、いつ取材が来ても安心して受け答えすることができます。

媒体に作品やイベント情報が取り上げてもらえた後にも、いくつか注意したい点があります
- 掲載された記事は雑誌やWebサイトをデータやプリントして保存しておく
- お客さまからの商品の問い合わせがあった場合、何を見てか知ったかを伺う。何件問い合わせがあったのかの反響を数値化して確認しておく
- 掲載商品が欠品しないように、ある程度のボリュームを見込んだ在庫の確保をしておく
- 掲載によって、新規のお客さまとの出会いが高まるこの期を逃さないようにする。一度きりにならないように、次につながる興味の種を蒔いておく
- 新作のスケジュールや告知ができるようテーマづくりをする
- 次回のイベント出展情報、また知りたくなるようなコンテンツやプレゼントなどの企画を用意しておく

この積み重ねが大切です。

一度媒体へ掲載されると各社へ広がる可能性があります。A社の雑誌で紹介された商品を、B社の雑誌担当者がチェックし掲載される→それを見ていたC社の媒体の企画でも別の時期に、というように、うれしい連鎖が広がっていきます。

こうなっていくとおのずと知名度は、ぐんと上がりますよね。新規のファンを獲得する大きなチャンスです。そのために、まずはプレスリリースづくりを習慣化していきましょう。

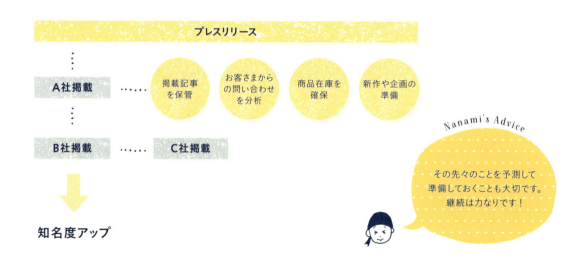

Nanami's Advice
その先々のことを予測して準備しておくことも大切です。継続は力なりです！

COLUMN.3
教えて！読者のお悩みQ&A
―お金のお話編―

Q1 材料費が高騰しています。価格も変更したほうがいいのでしょうか。

A できるだけまとめ買いをして、ひとつひとつの単価を下げましょう。それでも厳しい場合は、お客さまに材料費が高騰している旨をお伝えし、価格変更を検討しましょう。

Q2 同じジャンルで、かなり高めに価格設定をしている作家さんがいます。それを見ていると、自分の価格設定は安すぎるのではないかと不安になります。しかし、あまり高くしても売れないのではという心配もあり……。

A ほかの作家さんのリサーチも大切ですが、あくまで自分のブランドはどんな風でありたいか、どんなお客さまに購入していただきたいかを一番に考えましょう。自分の作品への想いと、自分だったらいくらだったら購入したいかなどももう一度あらためて考え、適正価格を見つけてください。価格設定については、P.92も参照してみてくださいね。

Q3 雑貨店に対する委託手数料が高く、この先も続けていけるか不安です。

A 「手数料＝宣伝料」と考えてみてはいかがでしょう。せっかくお店に置いていただくのですから、ブランドカードやパッケージのロゴやホームページのURLを少し大きめにするなどして、ブランドの認知度を上げられるような工夫をしてみてください。

教えて！読者のお悩みQ&A
―制作と販売編―

Q4 ありがたいことに、受注が多くなってきました。しかし制作スピードが追い付かず、お客さまをお待たせしてしまっています。どうしたらいいでしょうか。

A すべての作業を1人でやろうとせず、信頼できる方に手伝っていただく流れにステップアップする方が多いようです。作業の一部を家族や軽作業所の方にお願いする、オンライン販売などはショップさんにお任せするなど、分担することで余裕が生まれます。

Q5 次回のイベントに新作商品を出そうと思っているのですが、なかなか納得いくものがつくれず、いいアイデアも浮かびません。

A 考えすぎて頭がごちゃごちゃになり、よくわからなくなることは誰にでもあります。そんなときは、作業を一旦ストップして気分転換しましょう。作業のことは忘れて、近くの公園を散歩したり、ショッピングに出かけたりしてみてください。外に出れない日は、ちょっとそこで深呼吸して軽くヨガをしたりストレッチをしたりして、血やリンパを全身にめぐらせましょう。気持ちが落ち着いて、頭もスッキリしますよ。

Q6 イベントに出てみたのですが、あまり売れませんでした。そんなとき、お客さまから価格交渉されました。こういう場合は、下げたほうがいいのでしょうか。

A タイムセールをしてみるというのも有効な集客方法です。しかし、セール待ちが通例になることもあるので、注意が必要です。迷う気持ちがあるときはやめておきましょう。イベントは次もありますし、ECマーケットもあります。ラインナップのうちこのシリーズはタイムセールを行うことにする、2つ買ってくれたらおまけをつけるなど、セールやプレゼントのルールを決めておくといいですね。

PART 5

お客さまの心をつかむ！
売上を伸ばすためには

この章では、売上を伸ばすためのテクニックについて考えてみましょう。

01 ときには立ち止まってまわりをながめてみる
02 ヒントを盗め！ 市場調査
03 おすすめセレクトショップ一覧
04 いろいろなところへ足をはこぶ
05 どうしたらイベントで完売できるの？
06 売上につながる接客の心がけ
07 接客でのトラブル対処法
08 ディスプレイによって売上は変わる！
09 ラッピングにこだわる

LESSON 01 ときには立ち止まってまわりをながめてみる

いまひとつ売上が伸び悩んでいる人は、いったん立ち止まってみましょう。
いろんな場所、モノ、人に触れ、刺激を受けることで新たなアイデアが生まれます。

お客さまの心をつかむには

　ハンドメイドイベントに出展しても、なかなか自分のブースに立ち止まってもらえない、ハンドメイドマーケットではお気に入りボタンの数がいまひとつ増えない、雑貨店で委託販売をお願いしても月の売上数がなかなか増えない……そんな風に悩んでいませんか？
　1人でじっとうずくまって悩んでいても解決できません。この章では、そんな悩みのヒントになるテクニックについて、考えていきましょう。

　まず、自分のブースに立ち止まってもらえない理由はなんでしょう。
　商品にインパクトが足りない？ ディスプレイのせいで、商品の魅力が半減しているから？ お客さまとのコミュニケーションが足りない？
　お客さまの心をつかむことが、売上を向上させることの近道です。いつもハンドメイドイベントのブースに人だかりになっている作家さん、ハンドメイドマーケットでランキングに入っている方は、いったいどんな人なのでしょう。まずは、まわりを見渡してみることが大切です。自分とは何が違うのか探ってみましょう。
　実際にハンドメイドイベントに足を運び、作家さんとそのブースの様子、ディスプレイ全体からひとつひとつの商品を見てみましょう。あなたはどんなところに惹かれて、商品を手にとってみたいと思いましたか？ お客さまの視点に立って、考えてみてください。そのうえで、自分のブランドと見比べてみましょう。そうすることで、自分のブランドの「強み」や「弱み」に気がつけるかもしれません。ハンドメイドマーケットやギャラリーでの展示も同じです。どういう見せ方をしているのか探ってみましょう。

▶ ▶ ▶ 売上を伸ばすためには

PART.5

情報、刺激、興味、想像

↓

自分のブランドの

「強み」	「弱み」
・接客　　　　　◎	・ラッピング　△
・ディスプレイ　○	・品揃え　　　△
・ブランドカード　○	・写真　　　　×

に気がつく

↓

新たなアイデアが生まれる

Nanami's Advice

まわりのあらゆるものを眺めてください。ヒントがあちこちに散らばっていますよ！

LESSON 02 ヒントを盗め！市場調査

自分のブランドがニーズにあっているかどうかを知るためには、マーケティングが大切です。
情報収集することで、お客さまが求めているものをリサーチしましょう。

ターゲットのニーズを探ること

　自分ブランドはターゲットを見つめる揺るぎない自分軸が大切ではありますが、その軸は、しなやかでなくてはなりません。流行や季節感などをまったく知らずに自分の道を突っ走るよりも、まわりをリサーチしたほうが、人々の心にマッチングした商品を何倍もスムーズに生み出せます。

　ターゲットボードで設定した、お客さま像をよく知り、より適した商品にするためにも市場調査（マーケティングリサーチ）が大切です。必要な要素をいつでもどこでも取り入れられるように、その視点と視線を日常的な習慣にしておきましょう。

　私がおすすめするかんたんな方法は、3つあります。

▶雑誌を見る

　ターゲット分析（→P.54）で定めた人物像が読んでいそうな雑誌を定点観測をしましょう。季節ごと、年ごとの流行、好みの素材感や色などの情報も把握できます。雑誌には発行部数があるため、同じテイストを好む層がどのくらいいるのか、という目安にもなります。

　気になった記事は切り抜いてスクラップ。いくつかの雑誌を調査し、それぞれをひとつのデータとして心に留めておきましょう。

▶お店へ出向く

　街を彩るショップ、それぞれにも雑誌と同じようなことがいえます。ターゲット設定における"好きなショップ"です。

※2　雑誌の発行部数は日本雑誌協会のサイトなどで確認することができます。

　ここに実際、足を運んでみましょう。そこには、ターゲットと同じ趣味のお客さまがお買い物を楽しんでいます。その店舗の客層を見ましょう。そして今シーズンイチオシ商品やテーマは何なのか、また、お客さまは何に心を奪われ手にとっているか、観察しながら過ごしてみましょう。

　雑誌で気になったものがあれば、その質感や奥行き、重さはどうだろう。実際はどう感じるのかということを確かめに行きましょう。誌面からでは伝わらないものもたくさんあります。

▶**Webのフル活用**

　SNSなどのキーワード検索を活用します。ターゲットと近しい人々の「買いました」「これほしい」を調査することができます。買ったものや行った場所の写真を投稿している人が多いので、ダイレクトに感想や関心があるものを知ることができます。

　月に1、2度意識してながめてみると、枯渇せずに循環できておすすめです。

雑誌
・発行部数
・好みの素材、色
・流行

お店で観察
・客層
・今シーズンイチオシ商品
・テーマは？
・何を手にしている？

Web
〈 キーワード検索 〉
・購入したもの
・興味あること
・ほしいもの

**ターゲットと自分ブランドが
マッチしているか**

自分のブランド
・ラインナップ
・テーマ
・素材、色
　　　⋮

Nanami's Advice

地道な調査ですが、続けることによってターゲットの心にマッチングした商品をスムーズに生み出せます。

LESSON 03 おすすめセレクトショップ一覧

雑貨セレクトショップにはたくさんの宝物が詰まっています。
いろいろなお店をのぞいて、市場調査をしてみましょう。

素敵な宝物を探しに行こう

　美しいもの、心地良いものや暖かなものをながめていると、なぜあんなにも心が踊るのでしょう。宝物を見つけるような素敵な出会いが待っています。
　そんな、いつまでも眺めたくなるセレクトショップをご紹介します。

おすすめショップ

▶ **sunny cloudy rainy（サニークラウディーレイニー）**　http://sunnycloudyrainy.com/

"太陽が眩しい晴れの日も、ぼんやり霞んだ曇りの日も、突然の雨だって、どんなときも自分らしく"古いものと新しいもの、洋服から日用品などを取り扱っています。組み合わせることで生まれる新しい価値を発信する、毎日変わる天気のように変化のあるお店。
📍東京都台東区蔵前4-20-8　東京貴金属会館2階

▶ **ハイジ**　http://heidi-home.com/

BAG、アクセサリー、雑貨などの作家の作品を扱う人気ショップ。かわいらしいほっこりした風合いの作品とリボンやボタン、布、ワッペンなどの手芸材料手芸材料が手ごろな価格で豊富に揃っています。
📍東京都目黒区上目黒2-13-3井内ビル2階

▶ BOOKS&GALLERY cafe 点滴堂　http://tentekido.info/

三鷹駅から歩いて5分の作品展示スペースのあるちいさなブックカフェ。
📍東京都武蔵野市中町1-10-3 2F

▶ にじ画廊　http://nijigaro.com/

イラストレーション、アート作品の展示を中心に、表現のジャンルにとらわれないコミュニティースペースとなっている。1Fはミニギャラリー、2Fは広々とした空間で展示作品を活かせるギャラリーとなっています。
📍東京都武蔵野市吉祥寺本町2-2-10

▶ HATTIFNATTの雑貨屋さん～みんなのお店～　http://www.hattifnatt.jp/

森の中にある緑いっぱいの雑貨屋さんをテーマに、みんなでつくるみんなのお店。世界にひとつだけのオリジナル雑貨がたくさん詰まっています。
📍東京都武蔵野市吉祥寺南町2-22-1

▶ moln（モルン）　http://cloud-moln.petit.cc/

イギリスのアンティーク・ヴィンテージ クラフト、洋服、アクセサリーなどを扱う雑貨店。オーナー自らが選ぶとっておきの商品はどれも丁寧に作られた特別なものばかりです。月に数回、音楽と本のイベント「貸切り図書館」やワークショップを開催。
📍神奈川県鎌倉市御成町13-32 2F

▶ Sunny Days（サニー デイズ）　http://sunnyblog.exblog.jp/

洋服、アクセサリー、文房具や日用雑貨と店内の所狭しとハンドメイド作家による作品が並んでいます。そのひとつひとつが珠玉。オーナーの暖かさとこだわりが作る空間と雑貨を選ぶセンスにはファンも多く、手にとってじっくりと過ごせるお店。
📍神奈川川崎市多摩区登戸2706-5

▶ **海福雑貨（ウミフクザッカ）**　http://umick.com/

東林間駅と小田急相模原駅の中間地点、静かな住宅街に佇む雑貨店。国内外から集めたアンティーク・ジャンク雑貨、作家による雑貨・アクセサリー、鉱石や昆虫標本、理科系古物の分室もあります。宝箱を開いたような、不思議で気になるものばかりの空間。
📍神奈川県相模原市南区東林間3-18-3

▶ **恵文社一乗寺店**　http://www.keibunsha-store.com/

本にまつわるあれこれのセレクトショップ。書籍だけでなく、世界中のさまざまな雑貨や作家作品なども豊富に揃える。
📍京都府京都市左京区一乗寺払殿町10

▶ **ränbu（ランブー）**　http://ranbu-hp.com/

古いビルの中、足を踏み入れるとそこは、個性的溢れる雑貨の世界。企画展や個展を随時開催しており、行くたびに違う雰囲気を味わえます。ここでしか見れない、手作りの作品や海外の雑貨を扱う、雑貨とアートのお店です。
📍大阪市北区大淀南1-4-20 長谷川ビル202／301

▶ **Rollo（ロロ）**　http://www.tit-rollo.com/pg214.html

アンティークボタンやビーズなどを店内にぎっしり詰め込んだお店。大きなボタンが目印。
📍兵庫県神戸市中央区北長狭通3-10-1　高松ビル1階南

▶ **RolloStock（ロロストック）**　http://www.tit-rollo.com/pg217.html

Rolloの姉妹店。Rolloに入りきらなかった、ヴィンテージの生地やアンティークリボンなどを集めたショップ。店内はアトリエのような空間でゆったりとした時間が流れている。
📍神戸市中央区北長狭通3-11-9野山ビル1階東

▶ **gör（ヨール）** http://www.tit-rollo.com/pg215.html

Rolloの姉妹店。世界中から集めたポップで楽しい駄菓子屋さんのようなパーツ屋さん。
📍神戸市中央区北長狭通3-11-11福一ビル1階北号

▶ **watagumo舎（わたぐもしゃ）** http://watagumosya.com/ ※ただいま新規の作家さんは受けつけておりません。

全国で活動されている作家の作品を販売しているギャラリーショップ。今の気持ちに沿った古いものと、暖かな作家ものが集まる。
📍香川県高松市花園町3-7-17

▶ **Lu❀Lu（ルル）** http://lulu.sunnyday.jp/ ※ただいま新規の作家さんは受けつけておりません。

作家ものや東欧雑貨、古いモノ、手芸材料など懐かしい素朴な雰囲気のものが集まる。
📍香川県高松市川島本町448

▶ **白鳥座雑貨店** http://hakuchouza.com/

"ちょっと懐かしく ワクワクするような"がテーマ。古道具と古本と雑貨のお店。
📍広島県広島市中区本川町2丁目6-18　ナリヒロビル2F

Nanami's Advice

お気に入りのお店が見つかったら、そこに商品を置いてもらえるようにアクションをかけていきましょう。

LESSON 04 いろいろなところへ足をはこぶ

雑貨メーカーの企業の市にも足を運んで刺激をもらいましょう。
今までとは違った発見があるかもしれませんよ。

もう一歩進んだところまで

プロ向けの専門見本市にも足を伸ばし、市場調査をしてみましょう。

おすすめは、年に2回開催される、国内では最大級の商品(サービス)の見本市「ギフト・ショー」です。私がメーカーに在籍していたころ、よく出展していました。この展示会は、出展社数も来場者数もものすごい数なので、搬入や搬出などとても大変なイベントでした。しかし、さまざまな社がブースを構えており、ながめながら歩くだけで今の流行やこれから流行しそうなものを感じることができ、とても勉強になりました。雑貨、アクセサリーパーツやクラフトのコーナーもあります。東京ギフト・ショー内の「ACTIVE　DESIGN &CRAFT FAIR」は、ハンドメイド作家の出展が可能なエリアもあるので必見です。

しかし、1点注意しておきたいことがあります。このような見本市は、基本的に流通関係者のみ来場が可能な展示会で、一般の来場は不可になっているところがほとんどです。ハンドメイド作家としてB to B(企業間の取引)の商談を前提としている、もしくはこれから取組みを検討している場合でなければ入れないこともあります。事前にしっかりと規約など確認しておきましょう。

オススメの展示会

▶ ギフト・ショー

http://www.giftshow.co.jp/

日本最大のパーソナルギフトと生活雑貨の国際見本市。東京と大阪、福岡にて開催。出展企業は、約2,400社にもなり、あらゆるジャンルの商品が並ぶ。一度は足を運んでおきたい。

▶▶▶ 売上を伸ばすためには　PART.5

▶ **ACTIVE DESIGN & CRAFT FAIR**
http://www.active-design.jp/

東京インターナショナル・ギフト・ショー内で開かれるゾーン。プロダクト、インダストリアル、クラフトデザインに分かれており、次代を担う個性豊かなクリエーターも集う。

▶ **プレミアムインセンティブショー**
http://www.pishow.com/

販売促進のための雑貨が多く並ぶ見本市。ノベルティや販促のためのアイテムが並ぶ。
役立つツールが見つかる可能性あり。

▶ **国際 文具・紙製品展 ISOT**
http://www.isot.jp/

今年27回目をむかえる、あらゆる文具・紙製品が一堂に出展する日本最大の商談展。
ステーショナリー業界のトレンドチェックや日本で未発表の海外製品などのチェックに最適。

▶ **国際 雑貨EXPO**
http://www.giftex.jp/

初回から11年連続規模を拡大。今年11回目をむかえる。
ギフト雑貨、インテリア雑貨、生活雑貨などが世界中
から一堂に出展する雑貨・小物の商談専門展。

Nanami's Advice

ブースをながめるだけでも刺激をもらえますよ！

LESSON 05 どうしたらイベントで完売できるの？

イベントで完売するなんて、夢のまた夢…と思っていませんか？
ちょっとしたコツで、売上が変わるかもしれません。

適正価格を見極めることが完売への道

　イベントに出展したとき、まわりの作家さんはすぐに完売しているのに、自分は在庫が残っている……という経験はありませんか？ もしかしたら、商品に魅力がないのではなく、販売方法に問題があるのかもしれません。

　商品購入には、目的買いと衝動買いの2つがあります。ここを押さえて、購買行動に沿った導線を用意することで、より買い求めやすくなります。

▶「目的買い」の場合
　目的買いとは、購入前から「この商品がほしい！」という明確な意思を持っていて購入に至ることです。
　ポイントは以下の3つです。

●商品を十分に告知する
　「目的買い」の大前提となるのが、事前に商品について知ってもらうことです。できるだけ早い段階から、イベントのWebサイトやSNSでブランドの概要と商品のラインナップ、各商品の情報についてアップし、認知してもらえるようにしましょう。商品の情報を流す際は、商品の特徴、用途の紹介とあわせて、写真もアップするようにするといいですね。

●入荷の時期や数量の告知をする
　WebサイトやSNSで「次回の入荷○ヶ月後です」「残りわずか！」と告知すると、それを見たお客さまからお取り置きの連絡が入ることがあります。イベント中も、こういった情報を適宜流すようにするといいでしょう。

●価格の設定

価格は、流通している商品の相場も参考にしてみてください。「この素材を使っている」などの要素を加味して、「買える! 買いたい!」と思ってもらえるような価格を見極めることが大切です。

▶「衝動買い」の場合

衝動買いとは、商品をながめているうちにほしくなり、衝動的に購入に至ることです。ポイントは2つです。

●特別感を出した商品を

福袋のような詰め合わせセットや、「本日限定！」といったその日、そのシーズンにしか買えない限定のものは特別感がありますよね。

定番商品以外に、バレンタインなどの季節のイベントに合わせて限定商品を出してみたり、イベントのテーマに合わせたスペシャル商品、お得な詰め合わせセットなどを用意してみるのもいいかもしれません。積極的に、お客さまによろこんでもらえるような仕掛けをしていきましょう。

●手ごろな価格設定

お菓子や消耗品など、「この値段だったらいいかな」とつい購入してしまったことはありませんか？ 衝動買いの場合、価格が手ごろであることはかなり大きな要素になります。いくつあっても困らないものであることもポイントですね。

人のちょっとした心理を利用して、うまく購買意欲を刺激していきましょう。

Nanami's Advice

適正価格を見極めることが完売するのに重要なポイントです！商品、目的に合わせて設定しましょう。

LESSON 06 売上につながる接客の心がけ

コミュニケーションが苦手な人も少なくはないと思います。
ここでは接客が楽しくなるヒントを紹介するので、実践してみてください。

苦手意識をなくして、まずは人を好きになろう

　接客に慣れないうちは、構えてしまったり、うまく対応できずに落ち込んだりしてしまうかもしれません。大切なのは、マニュアルに沿ったような接し方ではなく、お客さまひとりひとりと丁寧に会話していくこと。流通しているメーカーの商品よりも、よりあたたかく距離が近いイメージです。ブランドだけでなく、あなた自身も好きになってもらいましょう。

▶ **大切なポイントは、まず相手を好きになること**
　苦手意識をもったままだと硬くなってしまい、接客もギクシャクしてしまいがちになります。まずは、自分の作品に興味を持ってくれた方を好きになる努力をしてみましょう。目の前のお客さまは、あなたの作品のどこかに共感して興味を持ってくれたはずです。自分の持つ感覚を好いてくれた人に対して肯定的になりましょう。
　できれば、好きな世界観や、商品のこと、ブランドのことについて語りましょう。好きな気持ちがつないでくれます。自然と笑顔になり、言葉遣いも明るく柔らかく接することができると思いますよ。

▶ **心豊かに接しましょう**
　無表情に接するよりも、心を持って話すこと、伝えること、聞くことです。引っ込み思案な人もいるかもしれませんが、かしこまらずに一生懸命伝えれば、上手に話せなくても大丈夫です。その気持ちがお客さまにも伝わり、購入率が高まります。

▶気持ちの良い挨拶と笑顔

自分のブランドに関心を持ってくれたことに感謝して。明るい笑顔とともに「いらっしゃいませ!」「ありがとうございます! またお越しくださいませ!」という言葉をお伝えしましょう。Webの販売においても、メールはわかりやすく丁寧に、感謝の気持ちを忘れずに。直接の会話はできないからこそより慎重に対応しましょう。

▶忙しいときこそ、丁寧な対応を

お店がにぎわって慌ただしいこともあるかと思います。そんなときこそ、ひとりひとりのお客さまに丁寧な対応をしてください。お待たせしてしまうのは、あまりいいことではありません。気持ちよくお買い物してもらい、気持ちよくお見送りしましょう。理不尽な方がいらっしゃっても、冷静な対応を心がけてくださいね。

▶商品説明をしっかりと

商品について注意点などがある場合は、事前にお伝えしましょう。トラブルを回避するためにも、ありのままを説明しましょう。Webでの販売は、実際に商品を手に取れないので、届いてみてイメージと違ったというクレームが多くなりがちです。注意しましょう。

▶おまけをつけて印象アップ

ちょっとしたおまけの品をつけるといった、心遣いもできるといいですね。バレンタインデーに近ければチョコレートをプレゼントするなど、季節のイベントにのってみてもGoodです。

難しくはないことばかりです。
心に留めてぜひ、お試しくださいね。

Nanami's Advice

かしこまらず一生懸命に伝われば、下手でもいい。明るくいきましょう!

LESSON 07 接客でのトラブル対処法

トラブルが起きないように心がけていても、まさかこんなことで！ という予期せぬ事態が起きてしまうこともあります。そんなときの対応を知っておきましょう。

誠意ある対応を心がける

お客さまとトラブルになってしまったら……そんなもしもについて考えてみましょう。心がまえと基本を知っておくと、落ち着いた対応ができます。

トラブル対応の心がけ

▶ **誠実な態度で謝罪をする**

まずは丁寧にお詫びの言葉を告げます。誠実な態度で接し、お客さまのお話を伺いましょう。Web販売の場合は、メールでのやり取りになりますが、誤字脱字がないよう誠意をもった文章を送りましょう。

▶ **聞き役に徹する**

お客さまのお話や状況、言い分をしっかり聞きましょう。このとき、口を挟まずにきちんと聞くことが大切です。できるだけ相づちを打ちながら、心情を理解し聞く姿勢をもってください。ここで「でも」や「しかし」など反論をしないようにしましょう。口論へとつながってしまいます。そして状況確認、事実確認をメモし、質問などはお客さまが話し終え、落ち着いてからするようにしましょう。

▶ **迅速な処理**

できる限り早く代替え案や解決策を提示し、話し合いましょう。納得していただけない場合には、新たな解決案を提示し、納得いくまで話し合いましょう。
Web販売の場合は、壊れないような発送を心がけ、もし届かないようであらばご連絡を、と事前に伝えま

しょう。何事も事前に注意事項を伝えているとトラブルを回避しやすくなります。また、ハンドメイドマーケットや通販サイトなどでは、出展者の評価欄につながるケースもあるので慎重に。何かあっても、その後の対応がよければクレームにならないこともあります。

〈 対応例 〉 返品交換、補修商品、代金返却など

▶ **感謝の気持ちを示す**

　貴重なご意見を伝えてくれたことに対して、感謝の気持ちと再度お詫びを申し上げましょう。このとき、なぜこのようなことが起こったかという原因をお客さまに説明したうえで、謝罪するようにしてください。ここで大切なのは、発生した経緯の説明は、お詫びの「後」にするべきだということです。言い訳が先行することは避けましょう。

▶ **苦情の原因と対策をしっかり確認する**

　今後また同じミスが起こらないように対策を検討し、これをヒントにサービス向上へつなげましょう。

大きなトラブル、対応がわからない場合

- イベントやハンドメイドマーケットの運営スタッフに相談する
- 国民生活センター[※1]に問い合わせてみる
- 大事になれば、弁護士に相談ということも

Nanami's Advice

お客さまの立場になって、丁寧にお話を伺い、対応する姿勢が大切です。

※1　商品やサービスなどに関する苦情や問合せなど、相談を専門の相談員が受付けている。

LESSON 08 ディスプレイによって売上は変わる!

ハンドメイドイベントやギャラリーなどでふっと足を止めるお店は、ディスプレイが工夫されているものです。
皆さんもすてきなディスプレイができるように、ポイントを押さえて工夫しましょう!

欲張りすぎず、ポイントを押さえて

あなたのディスプレイ次第でお客さまの立ち止まり方も違ってきます。
ハンドメイドイベントは、ブランドの世界観を見せる場でもあります。ポイントを押さえて、ブランドの魅力が伝わるようなディスプレイをつくりあげていきましょう。

陳列の原則「見やすい・わかりやすい・選びやすい」

季節を感じる植物や小物をディスプレイしたり、ポップの色づかいや素材感を一工夫したりしましょう。新鮮さと楽しさを感じられるように。

▶**目線は「左から右、上から下」**

視線の動きを意識してみましょう。

視線は「左から右へ」「上から下へ」と動いています。その動きに沿って商品をディスプレイしましょう。視線を意識して、什器とポップの位置を確認しながら並べると商品が見やすくなります。

高さのある什器は左側に置き、ポップなどをはアクセントに配置するのが基本形。他には、中心を高くして、ぎゅっと三角形を形成するように商品を集めると綺麗に見えます。均等に並べてリズム感を出すリピート構成などもあります。

▶▶▶ 売上を伸ばすためには PART.5

▶ **場所によって構成を変える**

壁際、もしくは対面の場合

❶手前側を低く、奥は高さを出す。
❷奥側は、遠くからでも目立つように小物など多めに。
❸手前から奥へ目線が移動するようにディスプレイする。

両サイドに他の作家さんがいる、テーブルディスプレイの場合

❶全体的に高さは出さない。
❷ごちゃごちゃさせない。
❸どこからでも見えやすく、意識する。

abarayamさん

西洋菓子ミレイヌさん

この3つを心がけながら、シーンやストーリーが伝わるようにディスプレイしましょう。

▶ **定数・定量をあらためる**

あれもこれも披露したくて、ついつい盛りもりのディスプレイになることもありますよね。しかし、商品が多すぎると、商品で商品を隠してしまいます。

お客さまにとって比較選択肢が多いのはいいことですが、それよりも商品を1点1点見てもらえる状態を作ることのほうが大切です。商品の実数を増やすのではなく、より多くのお客さまの目に留まりやすい陳列を心がけてみましょう。

▶ **商品陳列の並べ方**

ポイントは「売れ筋を一番いい場所に並べる」こと。
「左から右」「上から下」「手前から奥」の視線の動きの法則を頭に入れて配置します。一番見やすい場所に売れ筋を置くと、手に取ってもらいやすくなるはずです。

▶カラーを味方につける

　色を並べるときは、色相環の順(赤→橙→黄→緑→青→紫)に陳列しましょう。もしくはグラデーションを意識して並べます。また、それぞれの色が印象的に引き立たせて遊ぶ方法もあります。季節やテーマに合わせて、効果的に色をうまく活用してくださいね。トレーや什器の質感、ポップにもブランドのらしさを考慮しましょう。

ディスプレイ紹介

▶emuuuさん

値札のフラッグのポップが可愛い!

スタンプなど細かい物は、ブリキの容器に入れてまとめている。

▶ずっこさん

壁にブローチをはりつけて選ぶのが楽しくなるよう工夫を。

▶遊星商會さん

アンティークのトランクや地球儀を飾り、店内の雰囲気に合わせた。

▶ **auroraglassさん**

1. ピアスやネックレスにスタンドを使って見やすく。またガラスケースに入れ高級感を出している。　2. アンティークの本や珊瑚を飾るなどして、雰囲気を出している。

auroraglass（オーロラグラス）
ガラスアクセサリー作家。雑誌装苑が主催する「装苑　アクセサリー蚤の市」「モノと食、音が奏でる土日市、ヴィレッジ」「護国神社蚤の市」など他多数イベントに参加。
http://www.auroraglass.net/

▶ **abarayamさん**

奥にいくほど高さを出している。棚やトレーを使って仕切りをつけ、見やすくレイアウト。

▶aki-kさん

限られたスペースで、壁を活用し高さを出して陳列。空間ディレクターのAmariさん(サロン・ド・アマリ)に相談し、サポートしてもらった。

▶DOT MELTさん

壁を活用してディスプレイ。鏡、カゴや棚を上手に使いレイアウトしている。

▶kiNNOiさん

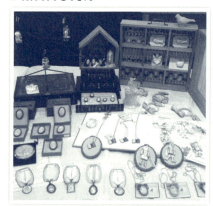

アンティーク物や、絵本など装飾し童話の世界感を表現。

▶やがわまきさん

かさばる紙モノを上手に整頓して陳列。真ん中に高さのあるバスケットを置き、一周できるよう工夫。

LESSON 09 ラッピングにこだわる

ジャケ買いならぬ、パケ買いをしてことありませんか。商品を引き立てる重要な要素です。
ブランドの世界感を詰め込みましょう。

あくまで商品が主役になるように

　コストがかかっていなくても、ちょっとした工夫でぐっと素敵なパッケージになります。あなたの作品に合う素材や色は？ 世界感を引き立てるにはどんなものがいいか探ってみましょう。盛り込みすぎても、作品の存在感が無くなってしまいます。ディスプレイで陳列したときの見え方をイメージしながら考えてみてください。

▶素材にこだわる

　包む袋の素材は紙？ 布？ ビニール？ 中身が見える透明なもの？
　紙でも、ワックスペーパーや和紙なのか、自分の描いたイラストをプリントした包装紙なのか、手法はさまざまです。自分のブランド、またはその商品の世界感がマッチするのはどんなものでしょうか。たとえば、童話の世界のようなぬくもりある編み物の商品なのに、無機質な紙に包んでしまうと違和感があります。ブランドのテイストと合う質感の素材を探してみましょう。

▶ブランドをアピールする

　アピールするといっても、広告のように主張するのではありません。あくまでラッピングの装飾の統一感はくずさずに、カード、ロゴスタンプなどあなたのブランドらしさを取り入れることが大切です。ポイントは、ラッピングをシンプルにし、ブランドカードなどがポイントになるようにまとめることです。そうすることでブランドのロゴが印象に残るようになります。

▶商品テーマを意識したアイテムを

　商品のテーマに合わせたアイテムを使うと、よりそのブランドの統一感がでます。たとえば、ドライフラワーを使ったリースであれば、ラッピングにもドライリーフなど植物を添える、リスのブローチには、どんぐりをつける、など。ちょっとしたストーリーがあることもお客さまの心をつかむポイントです。

▶コストはできるだけ抑える

　ラッピングのコストはできるだけ抑え、材料費にまわしたいものです。高くて立派な箱に入れなくても、ちょっとした工夫とアイデアで素敵に演出できます。

　たとえば、無地の袋に綺麗な色のリボンをつけるだけでぐっと印象が変わります。イラストが得意な方は、ピアスなどの台紙を可愛くデザインしてもいいですね。

　袋やリボンなどはまとめて問屋や専門店で購入すると、お買い得な価格で購入できます。いろいろ探してみましょう。(→P.90)

パッケージ紹介

▶hareshizukuさん

リボンは外国のお花屋さんのようなイメージ。冬なら毛糸にしたり、素材を変えている。袋には、ハンコ作家さんにデザインしてもらったロゴスタンプを。

hareshizuku(ハレシズク)
出張カフェとしてイベント参加や、オリジナルブレンドティーの販売。(Web) http://hare-shizuku.jugem.jp/

▶富宝島輝さん

キャンディーの包み紙で作ったイヤリングを、本物のキャンディーと混ぜた。作品と食品の境界線をベールに包むようにラッピング。

富宝島輝(フホウトウキ)
LEDで光る、卵の殻のイヤリングの他、廃材や懐かしのおもちゃ、アンティークビーズなどを取り入れてつくるアクセサリー作家。(Web) http://yusamajka.com/

▶▶▶ 売上を伸ばすためには　　PART.5

▶kiNNOiさん

アンティークのような台紙をデザイン。

kiNNOi(キンノワ)
アクセサリー作家。おとぎ話の世界のような世界感を大切にしている。〔Web〕http://kinnoi.cocolog-nifty.com/

▶card-yaさん

シンプルなワックスペーパーに包んで。

▶ラムネカフェさん

木箱に入れ、高級感を。箱にはロゴの焼き印を。

▶ずっこさん

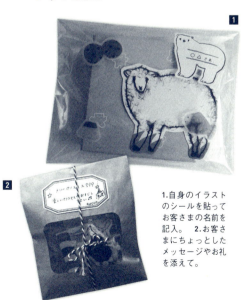

1.自身のイラストのシールを貼ってお客さまの名前を記入。 2.お客さまにちょっとしたメッセージやお礼を添えて。

153

▶遊星商會さん

市販のリボンやシールと組み合わせた。

▶Moさん

海のテーマに合わせて台紙も海っぽくデザイン。

▶DOT MELTさん

白いドライリーフ、麻の紐と白で統一。

▶ninonさん

ブローチ、ピアスにドライリーフを装飾。

▶aki-kさん

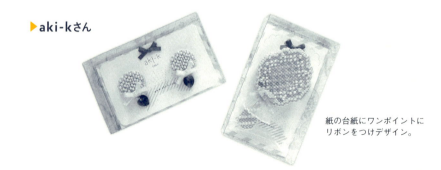

紙の台紙にワンポイントに
リボンをつけデザイン。

▶▶▶ 売上を伸ばすためには

PART.5

▶やがわまきさん

自身のイラストの包装紙でラッピング。ショップカードをタグのようにつけた。

▶abarayamさん

台紙のイラストもブローチとテーマをそろえて。

ブローチの台紙と同じテキスタイルの包装紙にして統一感を出した。

155

COLUMN.4
教えて！読者のお悩みQ&A
―こんなときどうする？ 編―

Q7 デザインが模倣されているのでは？と思うことがありました。どう対応したらいいでしょうか。

A 真似されるのは人気のバロメーターではありますが、気持ちは穏やかではないですよね。そういう場合は、ホームページやブログで注意を促すことが多いようです。著作権侵害警告書などを送るという方法もあります。

Q8 自分の作品がオークションサイトで出品されていました。しかも定価よりも高値で販売されており気になります。

A どこからが転売かという判断は難しいですが、「利益目的の転売は禁止」ということをまとめてホームページなどに記載するという方法をとられている作家さんが多いようです。「商品の販売についてはお問い合わせください」という文面を記載しておくのも手です。取引条件や規約はあらかじめまとめておきましょう。

Q9 そろそろホームページのデザインをリニューアルしようと思っています。みなさんはホームページのリニューアルはどのくらいの頻度で行っているのでしょうか。

A 決まりがあるわけではありませんが、半年、3年、7年、10年など、商品構成や活動の見直しをする際にリニューアルされている方が多いようです。

PART 6

ブランドの顔！
名刺をつくろう

ブランドをアピールするには名刺も大切です。
デザインのコツをおさえて、お客さまにブランドのイメージや雰囲気を伝える
素敵な名刺をつくってみましょう。

01 ブランドカード・名刺のつくりかた
02 イメージを伝えるためのデザインのコツ
03 Illustratorでつくる
04 Wordでつくる
05 個性が光る！ かわいいデザインコレクション
06 おすすめ印刷会社＆お役立ちショップ一覧

LESSON 01 ブランドカード・名刺のつくりかた

ブランドカードは、お客さまにブランドのイメージや雰囲気を伝える広告ツールです。
初めて出会ったお客さまの印象に残る素敵なカードを考えましょう。

ブランドカード=広告ツール

　ブランドカードは、お店の名刺のようなものです。お客さまにブランドのイメージや雰囲気を伝える広告ツールにもなります。作家としての個人名刺も同様、ブランドの顔になります。イベントで出会ったお客さまにお渡しして、ブランドを覚えてもらう、雑貨店や出版社の方などと名刺交換する……さまざまな場面で使用する場面に出会います。

　書体、色、レイアウトバランス、デザインによって、がらりとイメージが変わります。初めて出会ったお客さまの印象に残る、リピートしてもらえる効果的なものをつくるには、ターゲットにしたい顧客の層を意識してデザインし、情報をわかりやすく伝えることが重要です。

制作の流れ

▶1：デザイン案を考える
　ブランドのターゲット・コンセプトをもとに、どんなデザインにしたいかイメージを固めます。ブランドイメージを伝えるツールなので、ブランドの世界観をまとめた、ターゲットボード、コンセプトボードを見返しながら考えるようにするとスムーズです。小さいサイズのなかに、情報と世界観を詰め込むのは難しいことです。まずは、気に入ったデザインや、素材など参考になりそうな資料を揃え、イメージにふくらませましょう。

▶︎ 2：制作

　パソコンでつくりたい場合は、Illustrator、Wordなどのソフトを使用してデータを作成します。パソコンが苦手な方は、ハンコ作家さんに依頼してオリジナルハンコを作成し、手押しで作成したり、イラストが得意な方は、手描きのイラストをコピーして印刷したりしてもいいと思います。また、自分でつくらず、プロのグラフィックデザイナーの方にお願いするのも手です。誰かに依頼する場合は、しっかりとブランドとデザインのイメージを伝えましょう。

▶︎ 3：印刷

　印刷方法には、自宅のプリンターで印刷する、印刷会社に依頼するという2つの方法があります。ご自宅でのプリントは、1枚から印刷できるため、コストを抑えられます。より印刷の幅を広げたい方は、印刷会社に依頼するのがおすすめです。印刷会社といっても、最近では手軽にWebで発注でき、価格もとてもお手頃なところが多くなっています。自宅のプリンターでは表現できない加工や質感などに対応しており、表現の幅が広がります。仕上がり、発色が綺麗なのも魅力です。印刷会社に依頼する場合は、データ入稿する必要があるので、規定など各社に問い合わせしましょう。

Nanami's Advice

その時代の流行、季節などに合わせて定期的にデザインを変えることも、お客さまを飽きさないコツです。

LESSON 02 イメージを伝えるためのデザインのコツ

ブランドの世界感を表現し、上手にあなたらしさをアピールしましょう。

伝えたいイメージを具体化する

　P.57でお伝えした、自分ブランドのことをまとめたコンセプトボードは、つくってみましたか？ まだの方はもう一度ご覧になってみてくださいね。ブランドカード・名刺づくりというのは、ブランドの空気を紙上に移していくような作業です。ボードを見返して、ブランドのまとめたイメージを再度頭のなかにイメージしておきましょう。

　初めて出会う方に伝えたいのは、どんなイメージですか？
シンプル、楽しい、可愛い、元気、かっこいい、親しみやすいなど、自分の伝えたいことをあらためて思い起こしてください。

　たとえば、スタイリッシュなブランドのデザインを考えてみましょう。ごちゃごちゃさせずに、なるべく情報を整頓してすっきりしたデザインがいいですよね。

　かわいくて、ほっとするようなブランドなら、柔らかい書体や紙の手触りや色に、やさしい感じを加えると、よりいっそうイメージに近づきます。

　多くの人に親しみやすい、身近なブランドでありたいと考えるならば、わかりやすく情報を載せたいですね。そんな風に、自分が伝えたいイメージはなんなのかを考えてみましょう。

▶▶▶ 名刺をつくろう　PART.6

基本のデザイン

▶**ブランドイメージに合わせてベースの書体を選ぶ**

　フォント1つで、デザインイメージが全く変わるため、フォント選びは慎重に行わなければいけません。
　和文フォントは、明朝体、ゴシック体、特殊書体（筆書体、手書き風文字など）と大きく3つに分けられます。欧文フォントは、セリフ体、サンセリフ体、特殊書体（筆書体、手書き風文字など）です。

T明	T明	明	明
セリフ体・明朝体	サンセリフ体・ゴシック体	筆書体	手書き風文字
上品、大人っぽい女性らしさ、高級感	カジュアル、元気かわいさ、力強さ	和風、伝統的	やわらかさ、あたたかさ、かわいさ

●シンプル、楽しい、かわいい、元気、かっこいい、親しみやすい……
　イメージに合う書体は？

Girly　Stylish　Natural
Active　COOL　Simple
やわらかい　親しみやすい
大人っぽい　ポップ　ベーシック

▶**書体を多く使いすぎない**

　書体の種類は1〜2種類がオススメ。カードのような小さなスペースに書体の種類が増えると、読みにくさを感じたり、デザインに統一感がなくなってきます。

▶ 掲載する情報を決める

ブランドカードの場合

　ブランドが伝わるように雰囲気を意識しながら、表面と裏面をうまく使って看板のように読みやすくレイアウトしましょう。詰め込み過ぎず、大事なポイントを優先的に。

【例】
- ブランド名
- ロゴやマーク
- ホームページなどのURL
- アドレス
- ブログのURL
- TwitterやFacebookなどのSNS情報
- メールアドレス
- アイテム名やブランドが伝わるキャッチコピーや説明文
- 作品の写真など

　色数は、ブランドの方向性に合わせて選びましょう。

作家個人の名刺の場合

　ブランドカードよりも、ややかっちりとするのがポイントです。
　必要なものがパッと見てすぐわかるようにレイアウトしましょう。

【例】
- 名前
- 肩書き
- ロゴマークなど
- メールアドレス
- 住所
- 電話番号

レイアウトのポイント

▶イメージ素材を揃える

まずは、ブランドのコンセプトをもとに、どんなデザインにしたいかイメージを固めます。頭のなかで考えるだけでなく、参考になりそうな資料を揃えることでイメージに近づくヒントになります。

- ターゲットボード（P.54参照）
- 参考デザイン（書籍やフリーペーパー、チラシなどで色や書体でぐっときたイメージのもの）
- 素材集や作品の写真

▶カラーの強弱をつける

雑誌の誌面やお店の売り場の色に注目してみてください。力強く飛び込んでくる色、奥に引っ込んでみえる色があるはず。それがカラーの強弱です。この強弱を使いこなしていくと、見やすい紙面ができます。

▶名刺の向き

タテ向きはスタイリッシュ、横向きは安定感を演出することができます。イメージに合うほうを選びましょう。

軽い

▶重さ

紙自体の重さではなく、そこに入れこんだ情報のバランスのことです。全体をながめて、バランスに偏りがないかをチェックします。均等に配置されていると、公的で健康的な感じがします。つまっていると、かたくて難しい感じがします。バランスチェックしてみてくださいね。

重い

▶ **余白を美しく！**

　スペースに目一杯、情報や写真をつめ込みたくなりますが、視点を変えてながめてください。素敵なデザイン＝余白のバランスが美しいものです。余白を大きく残すことで、品の良さや伝えたいことをストレートに強調することができます。

　文字のレイアウトは、紙の辺や角を意識し、文字の頭や行を常に法則的に揃えましょう。レイアウトの基本は、「揃える」です。文字をガタガタ、バラバラに配置すると、散漫でごちゃごちゃした印象になってしまいます。「左揃え」「右揃え」「中央揃え」に気を付けるだけで、スッキリと印象的なデザインになります。

【 レイアウトパターン 】

- 縦組み＋縦文字＝スタンダードスタイリッシュ系
- 縦組み＋横文字＝安定感ある現代風系
- 文字をセンター揃え＝動きのあるアクティブ系
- 片面に空間を開けて、文字を揃える＝印象的モダン系

スタンダードスタイリッシュ系

安定感ある現代風系

アクティブ系

印象的モダン系

▶▶▶ 名刺をつくろう

PART.6

Design Sample

ブランドのイメージから、書体、
イラスト、素材を選び、ブランドの
コンセプトが伝わるように工夫しましょう。

ハンドメイド刺繍のブランド「folgen」。ウールやリネンを使った暖かみのある素材が特徴。特別な人や特別な日にプレゼントしたくあるようなこだわりの作品。ブランドロゴも糸のようなデザインで、かすれた質感がぬくもりを感じられる。

10〜20代女性がターゲットのハンドメイド洋服ブランド「hira yura」。貝殻や花など自然をモチーフにしたガーリーな柄が特徴で、洋服、帽子など小物を展開する。紙は、洋服の型抜きになっており、洋服のブランドというのが一目でわかり遊び心がある。

紙雑貨ブランド「かみもの屋」。海外アンティーク風なレトロなテイスト。市販の素材集などを使ってレイアウトした。

イラストレーターの名刺。童話風イラストが特徴で、ポストカード、バッチなどイラスト使った雑貨を展開。作品の世界感が伝わるよう、前面イラストにした。

LESSON
03
自分だけのオリジナルをつくろう！
Illustratorでつくる

ここではMac OS XのIllustrator CC2016の画面で解説します。
操作方法の詳細は、Illustratorの解説書をお読みください。

Sample

（例）
布と刺繍のブランド。
北欧と刺繍を感じさせる模様を取り入れ、すっきりとしたデザインに。書体は、柔らかくほっこりとしたものを。

名刺デザインを作成する

一般的な名刺サイズ（91mm×55mm）の大きさで作成します。

1

メニューの［ファイル］から［新規］をクリックし、「サイズを幅：91mm」「高さ：55mm」の名刺サイズに設定します。カラーモードは「CMYK」、ラスタライズ効果は「高解像度（300 ppi）」を選択します。

▶▶▶ 名刺をつくろう

PART.6

2

ツールバーから[文字ツール]を選択します。文字を入力したい場所をくクリックするとカーソルが出るので、入力します。

3

文字のサイズ、行間、色を調整し、2の手順で続けて文字を入力します。

4

揃えたい文字をすべて選択し、[整列パネル]から[垂直方向下に整列]をクリックします。文字のベースラインがそろいます。

5

文字をすべて選択し、[書式]から[アウトラインを作成]をクリックします。これで文字がアウトライン化されます。

6

ロゴマークや、
入れたい飾りを配置します。

7

[ファイル]の[保存]をクリックし、ファイルを保存します。

▶▶▶ 名刺をつくろう

PART.6

用紙にレイアウトし、印刷する

家庭用プリンターで市販の名刺用のプリンター用紙（A4サイズの用紙に10枚）に印刷する方法を解説します。

1　メニューの[ファイル]から[新規]をクリックし、「サイズ：A4」を選択します。

2　[ファイル]の[配置]をクリックし、先ほど保存した名刺データを選択します。下部の「リンク」「読み込みオプションを表示」にチェックを入れて、[配置]ボタンをクリックします。

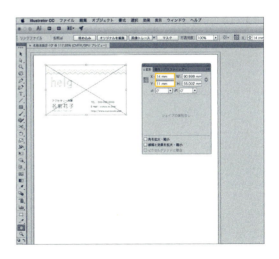

3　プレビュー画面が表示されます。「トリミング：仕上がり」を選択し、[OK]をクリックします。

4　[ウィンドウ]から[変形パネル]をクリックし、座標値を「X:14mm」「Y:11mm」に設定します。

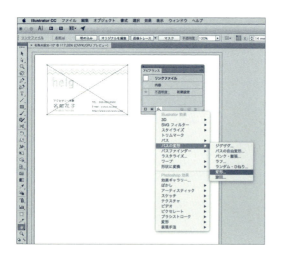 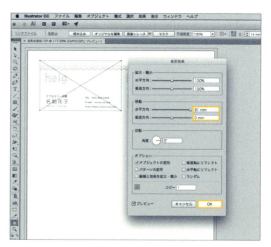

5 オブジェクトを選択した状態でアピアランスパネルの[効果]から[パスの変形]→[変形]をクリックします。「水平方向：91mm」「垂直方向：0mm」と入力し、「コピー：1」に設定、[OK]をクリックします。

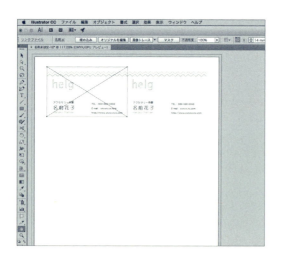

6
右隣にもうひとつオブジェクトが追加されます。

▶▶▶ 名刺をつくろう

PART.6

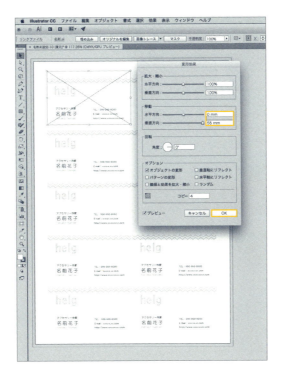

7

5同様、オブジェクトを選択した状態でアピアランスパネルの[効果]から[パスの変形]→[変形]をクリックします。「水平方向：0mm」「垂直方向：55mm」と入力し、「コピー：4」に設定、[OK]をクリックします。これで10枚分の名刺のデータがA4用紙に並びます。

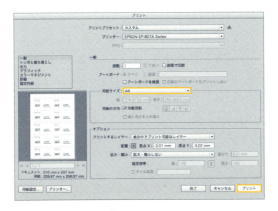

8

メニューの[ファイル]の[プリント]をクリックし、「用紙サイズ：A4」を選択します。[プリント]をクリックすると印刷が開始されます。

171

LESSON 04

自分だけのオリジナルをつくろう！

Wordでつくる

ここではWindows10のWord2016の画面で解説します。
操作方法の詳細は、Wordの解説書をお読みください。

Sample

（例）
天然酵母を使ったパンのショップ
素材を活かしたシンプルなパン
に合わせて、名刺もシンプルに。

ラベル機能で名刺を作成する

家庭用プリンターで市販の名刺用のプリンター用紙
（A4サイズの用紙に10枚）に印刷する方法を解説します。

1
[白紙の文書]を選択し、表示され
たら[差し込み文書]タブの[差し
込み印刷の開始]から[ラベル]を
クリックします。

▶▶▶ 名刺をつくろう

PART.6

2 「ラベルの製造元」[製品番号]で名刺用紙のメーカーを型番を選択し、[OK]ボタンをクリックします。

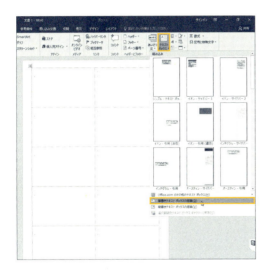

3 [挿入]タブの[テキストボックス]をクリックし[横書きテキストボックスの描画]を選択します。

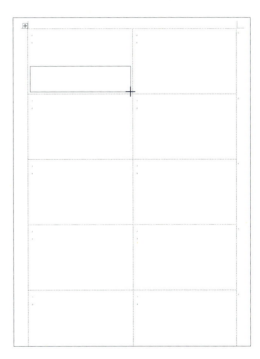

4 文字を入力したい場所をドラッグしてテキストボックスを挿入し、文字を入力します。

173

5

テキストボックスの上で右クリックするとメニューが表示されます。ここから枠線の有無や色などを設定することができます。

6

[挿入]タブの[画像]から画像やイラストを呼び出し、挿入します。

▶▶▶ 名刺をつくろう PART.6

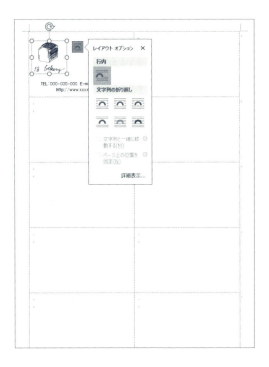

7

画像を挿入するとレイアウトオプションが表示されます。ここで文字列の折り返しを[四角形]もしくは[前面]にして、位置を整えます。

8

セルの左端にマウスポインタを合わせます。ポインタが矢印になったところでクリックしてセル全体を選択します。[ホーム]タブの[コピー]をクリックします。

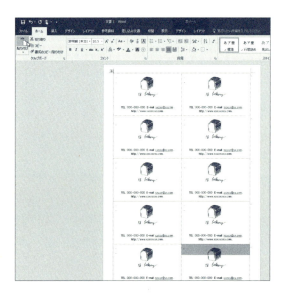

9

残りのセル内をクリックしてカーソルを置き、［ホーム］タブの［貼り付け］をクリックします。

10

［ファイル］から［印刷］を選択し、用紙サイズを確認し、［印刷］をクリックします。

▶▶▶ 名刺をつくろう

PART.6

LESSON 05

個性が光る作家の素敵な名刺が見たい！

かわいいデザインコレクション

ブランドの顔にもなるカード。ブランドの世界感が伝わる作家さんの素敵なカードをご紹介。ぜひ参考にしてみてください。

名刺編

ガラスアクセサリー作家／auroraglass

ガラス特有の透明感、綺麗な印象を表現。名刺には、水彩のグラデーションカラーを取り入れた。カードはクリア感のある、トレーシングペーパーを使用。

造形作家／abarayam

手描きの似顔絵とイラストを入れた。書体も丸みのある柔らかいものを。

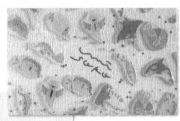

雑貨作家／Mo

全面に作品の写真を使用。柔らかく自然な雰囲気が伝わるように、凹凸のある素材感の紙を。

177

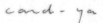

ぬいぐるみ作家／"little shop"福士 悦子
イラストやぬいぐるみと活動が多岐に渡るので、わかりやすいよう具体的なアイテムを載せている。

キャンドル作家／card-ya
蝋引きした紙に、手描きのブランド名を。余白を活かしたシンプルなレイアウトに。

お菓子屋／てふてふ
イラストレーターのご主人えちがわのりゆきさんの柔らかなイラストであたたかさを出している。

アクセサリー作家／ninon
活版印刷とコットン素材の紙で手触り感を。シンプルなレイアウトでより活版の凹凸が活きている。

紙雑貨作家／emuuu
箱のようなデザインに。角の2カ所は手作業で切っている。

ハーバルセラピスト／hareshizuku
ロゴマークははんこ作家さんにオーダー。リネンの風合いの用紙に押し、自然らしさを出す工夫を。

▶▶▶ 名刺をつくろう

PART.6

イラストレーター／やがわまき

1.鉛筆の手描きイラストで表現。裏面は極力シンプルに。　2.飾って楽しんでもいただけるように、表面はイラストメインにしている。活版印刷で手触り感にこだわった。

ジュエリー作家／ramunecafe bijoux

シンプルながらも、ラムネカフェのビスケットのマークが印象に残るデザインに。

アクセサリー作家／aki-k

ビーズとクロスステッチを、テキスタイルで表現。ロゴマークが惹きたつように、他の色味を抑えている。

アクセサリー作家／キンノワ

作品のような小さな世界の中に、いろいろな要素が含まれていることをイラストで表現している。

179

LESSON 06 おすすめ印刷会社紹介＆お役立ちショップ一覧

あのステキな名刺どこでつくっているんだろう？ と思ったことありませんか。
印刷の表現をもっと知って、こだわりのものをつくりましょう。

印刷の表現を知って、こだわりの名刺をつくりましょう

インクと紙の組み合わせで、さらに広がる表現方法。じっくり紙を触りながらイメージを膨らませてみましょう。名刺やブランドカード、タグ、フライヤーなど、印刷の表現を知ったらもっと楽しくなると思います。

手書きの暖かさも、もちろん変えがたい素晴らしさがあります。しかし、作品づくりにたっぷりと時間は使いたいもの。現在は、各社サービスも充実しバリエーションも増え、価格も納期もとても身近なものとして活用しやすくなりました。

自分の絵や文字や言葉を印刷して雑貨にすることも楽しめる時代です。印刷について知って効果的に活動に取り入れていきましょう。

おすすめ印刷所リスト

▶ **印刷の通販　グラフィック**　http://www.graphic.jp

名刺にフライヤーにポストカード、シール、テープ、リボン、包装紙、POP、Tシャツ、キーホルダー、ワッペン、ハンコ、箔押しや型抜き、特殊印刷、ノベルティ等オリジナルの印刷まで多彩なラインナップをスピーディに低価格で24時間Webでサポート。

▶ **ハグルマオンラインストア**　http://www.haguruma.co.jp/store/

1000種類以上の封筒やカードを豊富に取り揃えている。オーダーメイドも可。

▶▶▶ 名刺をつくろう　PART.6

▶レトロ印刷JAM　http://www.jam-p.com/

孔版印刷[※1]を利用したスクリーン印刷。ズレたり、にじんだり、ムラがあったり、かすれたり懐かしい、独特の風合いにファンの多い印刷。わら半紙やレトロ紙など個性的な用紙を揃える。厚紙印刷、製本、オリジナルのノートの製作も可能。

▶レトロ印刷JAMのお店　http://jam-p.com/ko-han/hanko.html

データを送るだけで、簡単に1枚のシートはんこが作れるハンコ入稿サービスも有り。ブランドロゴやマーク、ハンコでますますクラフト熱が刺激されそう。
📍大阪府大阪市北区豊崎6-6-23

▶SURIMACCA　http://silk.jam-p.com/surimacca_yoyaku.html

レトロ印刷JAMの新しいシルクスクリーンキット。データもしくは紙原稿を送ると、そのデータ（原稿）をもとに版を作成。さまざまな用途に使用できる。

▶美箔ワタナベ　http://www.bihaku-w.co.jp/

薄物から厚物まで多様な紙に、箔押し・エンボス加工を施してくれる。クオリティ重視の製品提供が可能。

▶印刷通販　デジタ　http://www.digitaprint.jp/

シール、ステッカー、ラベル、マグネットなど低価格で小ロットから対応。

▶ALLRIGHTPRINTING　http://allrightprinting.jp/

デザイン会社が運営する活版印刷工房。デザインから活版印刷までトータルに対応してくれる。活版印刷だけでなく、各種加工に関しても協働会社との連携があり併せて相談可能。ワークショップも開催している。

▶PAPIER LABO.（パピエラボ）　http://papierlabo.com/

活版印刷、印鑑、エンボス、オリジナル商品や封筒など、デザインから印刷までトータルに相談できる。
📍東京都渋谷区千駄ヶ谷3-52-5 #104

※1　原紙に穴をあけ、穴の形そのままにインキを写す方法。

その他お役立ち

▶ **竹尾　見本帖本店**　http://www.takeo.co.jp/

紙の専門商社竹尾が運営するショールーム。見本帖本店では約2,700種類の紙が並び、A4サイズで買える。その他、青山、銀座(G.Itoya内)、大阪にも店舗がある。
📍東京都千代田区神田錦町3-18-3

オリジナル商品がつくれるサービス

▶ **株式会社丸勝**　http://www.maru-katsu.co.jp/craft_mk/

本物志向のマグカップ、お皿、グラスの加工はもちろんこだわりのカラー形状が多数揃う。テーブルウェアSHOP「COBONO」和モダン食器のお店「とうしょう窯」上野ショールーム(要予約)などもある。

▶ **ファーストスティングオンライン**　http://www.original-touki.com/

マグカップにカフェオレボウル、プレートなどカラーも形も彩り豊かに選べる。
可愛いジャム瓶やキャニスターなどもありオリジナルパッケージにも。

▶ **光伸プランニング／D-print**　http://koshin-p.jp/

独自のプリント技術で「1人でも多くの"作りたい"を"形"にする」がコンセプト。約100種のアイテムの中から好きなモノを選び、好きな絵柄をプリントするサービスがある。1個から試作可能で、少量多品種の製作向き。

▶ **缶バッジファクトリー**　http://www.canbadge-factory.jp/

オリジナル缶バッジ、ピンバッチの制作のWebショップ。円形や四角形、ミラータイプ、マグネットタイプ、クリップタイプなどのタイプも揃える。

▶▶▶ 名刺をつくろう　PART.6

ものづくり工房の紹介

▶ <u>Makers' Base(メーカーズ・ベース)</u>　http://makers-base.com/

ものづくりが好きで好きでたまらない、そんな人を支援するシェア工房。100を超える機器を自由に利用でき、専門スタッフによるサポートが受けられる。イベントやワークショップも随時開催。
📍東京都目黒区中根1-1-11
📍北海道札幌市中央区南4条西13丁目1-26

▶ <u>デジタル加工工房 &Fab</u>　http://andfab.jp/

レーザーカッター、UVプリンター、テープクリエーターなどを設置。ロフトや無印良品の商品に手を加え、オリジナリティあふれるものにカスタマイズすることができる。
📍東京都渋谷区宇田川町21-1 渋谷ロフト6F

▶ <u>IID　世田谷ものづくり学校</u>　http://setagaya-school.net/

廃校を活用した複合施設で、「ものづくり」をテーマにしたワークショップやセミナーを開催している。館内には３Ｄプリンターなどが使える工房、印刷会社のショールームも併設されている。2015年に新潟県三条市にも開設。
📍東京都世田谷区池尻2-4-5

Nanami's Advice

各社特徴がさまざまです。
自分に合った手法を見つけ
オリジナルをつくりましょう!

COLUMN.5
ハンドメイドイベント出展レポート

著者ARENSKIも、デザインフェスタに出展してみました。
そのときの制作レポートを紹介します。

　本書での小泉さんの考え方を学んで、私たちもまずはイベントに出てみたい！と思うようになり制作をはじめました。

　私たちARENSKIはデザイン会社です。ARENSKIとしての得意分野、カラーがあります。またデザイナーそれぞれのカラーもあります。ひとりひとりが個性を出して、その個性が合わさったときに、団体として良い味が出せているのではと思っています。
　そこで今回は、音楽レーベルのように、各自アーティストの魅力を活かせるようなブランドにしたいと思い、各々つくりたいものを提案するところからはじめました。
　雑貨販売が初めてだったので、売れるものを考えるより、まずつくりたいものをつくったほうが楽しめると思ったのも大きな理由です。その後、それぞれのつくりたいものを吟味しつつターゲットを絞り、ブランド全体のコンセプトを決めました。「これは可愛いけれど、ターゲットに合わないよね」「AさんのこことBさんのこれをコラボしたら素敵！」そんな意見を交わして、なんだか学園祭のようでした。そして、まさしく学園祭のような雰囲気のデザイン・フェスタに出展してみました。普段のデザインの仕事の合間に作業していたので、とても人気の作家さんのような、徹底したコンセプトづくり、ブランディングまではなかなかできませんでしたが、思いのほか反響がありました。

　お客さまと会話したり、また隣近所の作家さんと仲良くなったり、商品が売れることだけではない楽しさ、よろこびがありました。お客さまから「このイラストのこのグッズがあればいいなぁ」と新たな意見もいただいたりと、直接足を運ばないと出会わないものがたくさんあると学んだ、充実した2日間でした。

アートペーパー、ステッカー、ブローチ、ポストカード、カレンダーなどパッケージから全て手づくりした。

＼大好評発売中！／

お客さまと会話することが、なにより楽しかったです。

LINEスタンプ 【ARENSKI】
https://store.line.me/stickershop/product/1148671/ja

Epilogue
おわりに

最後までお読みいただきありがとうございます。いかがでしたでしょうか。

ハンドメイドを始めて間もないころ、自分のつくりたいものなのに、

思っていたイメージになかなか近づけないこともあったのですが、理由がわからなくて、

誰に聞いたらいいかもわかりませんでした。

イメージを書き出し、いろいろなお店、イベントに足を運び、好きなものを集め、

自分なりの創作方法が確立しました。

自分の考えや大切にしていたことが、

作家活動をしている人のお役に立てるなら

よろこんで公開しようと思いました。

自分のやり方が、必ずしも誰もがそのとおりにやればいいというわけでもありません。

人それぞれ、素敵な引き出しがたくさんあると思います。

ものづくりに対する情熱でキラキラしているあなたは、ダイヤの原石です。

その個性を自分なりのやり方で、見つけ出してください。

どうか難しくとらわれず、活動を楽しんでくださいね。

最後になりますが、制作スタッフの皆さま、親交のあるクリエーターの仲間たち、家族、

そして読んでくださった読者の皆さまに感謝申し上げます。

皆さまの活動に、お役に立てれば幸いです。

本当にありがとうございました。

2016年6月　小泉七美

Special Thanks

ご協力いただいたクリエイターのみなさま
(順不同)

emuuuさん　　　　　　DOT MELTさん

ずっこさん　　　　　　やがわまきさん

ramunecafe bijouxさん　　遊星商會さん

西洋菓子ミレイヌさん　　abarayamさん

ninonさん　　　　　　Moさん

kiNNOiさん　　　　　littleshopさん

aki-kさん	hareshizukuさん
mojamojajunctionさん	card-yaさん
pepeさん	大津ゆかりさん
MOUNT ZINEさん	auroraglassさん
富宝島輝さん	てふてふさん

Profile
監修

小泉七美
コイズミ ナナミ

アパレルメーカーインテリア部企画室にて
デザイナー、ディレクター、バイヤーを経て、
2006年恵比寿にて雑貨店「Akorat.」を立ち上げる。
また、2005年〜現在までデザイン専門学校で
商品企画やブランディングなどの講師を勤める。
当時から作家仲間やお客様からの相談が絶えず、
現在は占星術家「hosi7」として活動し、
Webショップ「soratohosi」にて星と魔法をテーマに
雑貨を制作し、販売している。

aki-kさん	hareshizukuさん
mojamojajunctionさん	card-yaさん
pepeさん	大津ゆかりさん
MOUNT ZINEさん	auroraglassさん
富宝島輝さん	てふてふさん

Profile
監修

小泉七美
コイズミ ナナミ

アパレルメーカーインテリア部企画室にて
デザイナー、ディレクター、バイヤーを経て、
2006年恵比寿にて雑貨店「Akorat.」を立ち上げる。
また、2005年〜現在までデザイン専門学校で
商品企画やブランディングなどの講師を勤める。
当時から作家仲間やお客様からの相談が絶えず、
現在は占星術家「hosi7」として活動し、
Webショップ「soratohosi」にて星と魔法をテーマに
雑貨を制作し、販売している。

Profile
著者

ARENSKI
アレンスキー

女性向け雑誌・書籍を中心にカタログ、広告、Webなど、

さまざまなジャンルに携わるデザイン会社。

デザイン素材集やグラフィックソフトの解説書も多数手がけており、

著書にアンティーク風素材集

『POSTAL PAPER 素材集』『TRAVEL PAD 素材集』、

PhotoshopやInDesignの使い方＆表現のレシピが満載の

『魅せる写真の加工・デザイン技〜Photoshopでオシャレ写真を作るアイデア』

『InDesignをフルに使う Girls Magazine DTP』

（すべて技術評論社）などがある。

Staff

[ブックデザイン] 滝本理恵（ARENSKI）

[本文レイアウト・DTP] 滝本理恵・斉藤淑恵（ARENSKI）

[撮影] 中本浩平

[編集] 永山恵里

お問い合わせについて

本書に関するご質問は、FAXか書面でお願いいたします。電話での直接のお問い合わせにはお答えできません。あらかじめご了承ください。下記のWebサイトでも質問用フォームをご用意しておりますので、ご利用ください。

[問い合わせ先]
〒162-0846
東京都新宿区市谷左内町21-13
株式会社技術評論社　書籍編集部
「人気ハンドメイド作家になりたい人が読む本」係
FAX：03-3513-6183
Web：http://gihyo.jp/book/2016/978-4-7741-8239-1

人気ハンドメイド作家になりたい人が読む本

2016年7月25日 初版 第1刷発行

[著　者] ARENSKI
[監修者] 小泉七美
[発行人] 片岡　巌
[発行所] 株式会社技術評論社
東京都新宿区市谷左内町21-13
電話　03-3513-6150（販売促進部）
　　　03-3513-6166（書籍編集部）

[印刷・製本] 大日本印刷株式会社

・定価はカバーに表示してあります。
・本書の一部または全部を著作権の定める範囲を超え、無断で複写、複製、転載、テープ化、ファイルに落とすことを禁じます。
・造本には細心の注意を払っておりますが、万一、乱丁（ページの乱れ）や落丁（ページの抜け）がございましたら、小社販売促進部までお送りください。送料小社負担にてお取り替えいたします。
・本書に記載されている操作手順などの実行により、万一損害、障害が発生しても、弊社および著者は一切の責任を負いません。
・Adobe Illustrator、Apple Mac、Mac OS X、Microsoft Windows、Officeおよびその他の本文中に記載されている製品名、会社名はすべて関係各社の商標または商標登録です。

©2016 ARENSKI
ISBN978-4-7741-8239-1 C0076
Printed in Japan